白起

从天而降的一代战神

詹洪陶 著

辽宁人民出版社

© 詹洪陶　2025

图书在版编目（CIP）数据

白起：从天而降的一代战神 / 詹洪陶著. -- 沈阳：辽宁人民出版社，2025.6. -- ISBN 978-7-205-11494-7

Ⅰ．K825.2

中国国家版本馆 CIP 数据核字第 2025NK7909 号

出版发行：辽宁人民出版社
　　　地　址：沈阳市和平区十一纬路 25 号　邮编：110003
　　　电　话：024-23284191（发行部）　024-23284304（办公室）
　　　http：//www.lnpph.com.cn
印　　刷：河北朗祥印刷有限公司
幅面尺寸：145mm×210mm
印　张：8
字　数：158 千字
出版时间：2025 年 6 月第 1 版
印刷时间：2025 年 6 月第 1 次印刷
责任编辑：赵维宁
助理编辑：金美琦
封面设计：乐　翁
版式设计：一诺设计
责任校对：耿　珺
书　号：ISBN 978-7-205-11494-7
定　价：39.80 元

序　言

白起是中国战国时期秦国名将、杰出的军事家、"兵家"代表人物。他一生征战，未尝败绩，被称为"杀神""歼灭战之祖""万人斩""人屠"。

翻开史书的篇章，白起的军事才华在"伊阙之战"中初露锋芒。此役之后，秦国势如破竹，一举攻占魏国61座城池，为东出崤函的战略布局奠定了坚实基础。随后，白起以雷霆万钧之势，再夺垣城，轻取光狼，每一次战役都以最小的代价换取了最大的胜利，展现了其超凡的军事才能。

在白起的南征北战生涯中，他率领大军南下攻楚，势如破竹，连克鄢、邓等5座城池，最终攻陷楚都郢。秦昭襄王对白起的赫赫战功给予高度评价，封其为武安君，并命他平定巫、黔中二郡。白起逢战必胜，杀伐决断，他的威名让诸国闻风丧胆，可谓那个时代无可争议的军事领袖。

作为"兵家"的杰出代表，白起一生攻城略地70余座，斩敌 160 余万，不仅为秦国的统一大业立下了汗马功劳，更在中国战争史上留下了永恒的神话。在战国末期"用兵最精"的四大名将"起翦颇牧"中，白起名列榜首，这不仅是因为他的胜战次数和杀敌人数最多，更在于他的作战指挥艺术达到了战国时期的巅峰。

白起用兵如神，他善于分析敌我形势，根据战场实际情况制订合适的战术。在"伊阙之战"中，他采取逐个击破的战术，以数万之兵歼灭了韩魏数十万联军；在"华阳之战"中，他长途奔袭，歼敌 10 余万，创造了远途奔袭的奇迹；而在"长平之战"中，他更是诱敌深入，巧妙运用分割包围的战术，歼敌数十万、俘虏数十万，创造了先秦战争史上最大的围歼战战例。白起的作战特点在于善于抓住战机，对敌人进行猛烈的打击，往往通过佯败诱敌深入，然后全歼敌人，真可谓"料敌合变，出奇无穷"。

然而，就是这样一位战功赫赫的战神，却在"长平之战"后因政治斗争被秦昭襄王赐死于杜邮，其悲剧性的结局让人扼腕叹息。自宣太后芈八子生病不再临朝听政后，秦昭襄王开始独掌朝政，并谋划削弱魏冉（亦作魏厓）和白起的权力。在范雎的蛊惑下，秦昭襄王为了满足私欲而放过了赵国，使得"长平之战"的胜利变得毫无意义。白起虽然是一位纯粹的军事家，在政治上却存在盲区，这也让后人感叹"自古功成祸亦侵，武安冤向杜邮深"。

本书以白起的生平为主线，深入挖掘他的军事战略思想和

序　言

战术指挥才能，同时讲述他鲜为人知的诸多历史故事，全方位展现他的性格和精神内核。通过阅读本书，能够领略到战国第一名将——白起的传奇经历，还能深入了解战国时期的时代发展和历史演变。

詹洪陶

| 序　言 | 001 |

第一章　学艺	001
第二章　雏鹰	015
第三章　小试牛刀	037
第四章　风起云涌	063
第五章　挂帅	083
第六章　所向披靡	115
第七章　武安侯	133
第八章　隐患	151

第九章　将相	169
第十章　长平之战	193
第十一章　杜邮之刎	225
白起年表	243
参考文献	245
后　记	246

第一章 学艺

神秘身世

白起，一位秦国的军事天才，以其卓越的军事指挥能力和显赫的战功成为历史上的传奇人物。尽管他如同神话中的英雄，但他的出生神秘莫测，令人好奇。

根据《史记·白起王翦列传》的记载，白起，这位来自今天的陕西宝鸡眉县的军事家，在秦昭王十三年（前294）时被提拔为左庶长，开始了他那灿烂的军事生涯。然而，关于他的早期经历，历史文献却鲜有记载，留给后人无限的想象空间。

在众多关于白起出身的推测中，有一种观点特别引人注目——他可能并非出身贫寒，而是拥有贵族血统。在那个"王侯将相，宁有种乎"的时代背景下，白起能够迅速崭露头角，可能正是得益于他显赫的家世。但是，历史的尘埃太过厚重，使得这段往事被深深埋藏，导致后人常常误解他是从底层士兵中崛起的典范。

唐代诗人白居易和宋代文学家欧阳修都曾尝试揭开白起的身世之谜。白居易在家谱中将白起的祖先追溯到楚国的白公胜，但这一说法因时间上的混乱和史料的不足而受到质疑。李商隐在为白居易撰写墓志铭时，用"公之世先，用谈说闻"八个字隐晦地表达了对这一说法的怀疑。

第一章 学艺

欧阳修在《新唐书》中提出，白起可能是春秋时期名相百里奚的后代。然而，这一观点同样面临着逻辑上的挑战，难以自圆其说。

那么，白起的真实身份究竟是什么？在历史的细微线索中，我们或许能够发现一些端倪。《战国策》中称他为"公孙起"，这个称呼在春秋战国时期具有重要意义，表明白起可能是公族（诸侯王族）的后裔。结合秦国的历史背景，我们可以推测，白起很可能是嬴姓公族的一员，属于秦国的贵族阶层。

秦武公二十年（前678），秦武公病重，其长子公子白心中充满了忧虑。某夜，一位谋士见到公子白在书房中徘徊，便上前询问。公子白面带愁容，表达了自己对父亲病情的担忧："在我父王即位前，群臣曾推举秦出子为君主，尽管我是长子，但他们似乎更倾向于支持德公皇叔。"谋士听后，建议公子白："殿下何不顺应民意，顾全大局呢？"这番话让公子白陷入了深深的思考。

随后，公子白便深居简出，直到秦武公去世，秦德公继位。秦德公登基后，身着朝服，神采奕奕。不久，他便召见公子白至御书房觐见。公子白以谦卑的姿态行礼，秦德公见状大悦，随即将秦国都城雍附近的平阳封给了公子白，并赐予他平阳君的称号。公子白去世后，他的家族便以白为姓，代代相传。

然而，随着时间的流逝，白氏家族逐渐失去了昔日的辉煌。一些不肖子弟在外惹祸，也无人因公子白曾是秦武王之子而给予宽容。白家的主支因失去了爵位，虽然富有但不再显赫；而旁支则生活更加艰难，常常为了与权贵交往而竭尽全力。

在这样的环境下，白氏家族的每个成员心中都怀揣着一个强烈的愿望——重返荣耀之巅。在那个时代，家族的荣耀只能依靠男性后代。如果前辈没有成就，那么就只能期待下一代的男孩能够有所作为。终于，在一个充满喜悦的时刻，产房传来了好消息——一个男婴出生了！

接生婆满脸笑容地抱着孩子走出产房，将一个瘦弱的男婴夸赞为大胖小子。一位看起来三十几岁，像员外郎的男人接过孩子，他并不关心孩子的外表，只是简单地看了一眼就慷慨地赏赐了众人。这时，白家一直器重的方士也匆匆赶到。男人急忙说："大师来了，快看看这孩子。"方士检查了孩子的骨骼和头部后，开始掐指计算。过了一会儿，他将孩子还给男人，并行礼道："根据孩子的出生时辰和骨骼，结合《周易》的二十二卦，这孩子的命运非凡。"话音刚落，婴儿突然大哭起来。方士听后惊讶地说："来日公子要么风生水起，要么草席裹尸。"族人纷纷询问孩子具体的命运。接生婆随口奉承："哭声这么大，将来一定能风生水起，肯定大富大贵。"虽然接生婆的话不一定可信，但方士引用了"比干挖心"的故事来支持她的观点。他说，比干挖心后离开皇宫，询问路人"无心能活否"，但那天没有人回答"无心可活"，这才导致了他的死亡。而今天接生婆无意中的一句话，却可能成就这个新生儿非凡的命运。男人听后非常高兴，立刻请方士为孩子起名。方士沉思片刻后说："白起。"这个名字似乎预示着这个男婴未来将掀起波涛万丈、一飞冲天。

时间匆匆流逝。

白起在家乡的学堂开始了学习，刚开始他还能兴致勃勃地听老师讲述战争的故事，毕竟哪个孩子不喜欢听故事呢？但当被老师要求背诵军事书籍时，他就开始找借口逃避，时而藏在树上不进教室，时而翻墙溜出家门，跑到河边去捉小鱼。

贪玩的行为最终会被惩罚，比如被打手掌或被罚跪在香案前。经过十几次这样的教训后，白起不再敢逃课，而是老老实实地坐在教室里，跟着老师摇头晃脑地读那些他并不理解的兵书。虽然他看起来非常勤奋刻苦，但他的心思其实早已飞到了放学后的时光。

在家乡，白起与父母度过了几年快乐的日子。然而，随着他一天天长大，他需要接受更高质量的教育。

从古至今，父母对孩子教育的重视从未改变。

在秦国，如果想要增长见识，没有什么地方比咸阳（今陕西咸阳市东北窑店镇附近）更合适的了。

寄食司马门下

在历史的洪流里，白氏家族与樗里疾的相遇，似乎是命中注定。

樗里疾，《史记》中又称樗里子。这位秦国的显赫大臣，因战功被封为右更，他曾将曲沃及其周边地区纳入秦国的疆域。尽管在接下来的十几年里他没有得到更高的提拔，但他在秦国的声望始终如同太阳般高悬。白家，一个在动荡时代渴望崛起的家族，对这位英雄充满了敬意，因此他们决定让家中的年轻才俊白起，成为樗里疾的弟子。

当樗里疾的目光转向站在一旁的白起时，他感到了一种震撼。这个少年身材健壮，鼻梁挺直，眼神清澈，全身散发出一种不受拘束的气质，仿佛生来就是战士。樗里疾心中暗暗称赞，表面上却笑着说："原来这位少年是贵家族的成员，收他为徒自然不成问题。但如果他真的有意从军，或许另一位将军更适合当他的导师。"

这个人就是声名显赫的司马错将军。

司马错，一个师从鬼谷子学艺的天才，为秦国攻城略地，建立了卓越的战功。他的军事才能和战略视野在秦国乃至整个战国时期都是顶尖的。如果白家能将白起送到司马错的门下，那无疑为白起的未来铺设了一条光明的道路。但是，司马错会轻易接受吗？

樗里疾察觉到了白家的担忧，便安抚他们说："不用担心，司马错是个真正的绅士，你们明天去见他，肯定不会让你们失望。"樗里疾的这番话就像是一颗安心药，让白家紧张的心情得到了缓解。

第二天，秦惠文王再次召集群臣讨论攻打蜀国的事宜。司马错首先表达了自己的意见，他认为巴国和蜀国相互攻击是消灭蜀国的绝佳时机，绝对不能放过。秦惠文王同意了他的建议，心情非常愉快。当他离开咸阳宫时，脸上还带着满意的笑容。

第一章 学艺

司马错乘坐马车回到城北的住所,一下车就看到两个人在大门口迎接并向他行礼。他心里已经明白,这两个人肯定是为了白起拜师的事情而来。因此,他直截了当地说:"感谢白家兄弟的抬举,我实在不敢当!不过,我教不了礼乐诗书,只能教授一些兵法。"

白家的长辈立刻回应:"能够得到司马将军的亲自指导,是我儿子前世修来的福气,也是我的荣幸。"

进屋后,司马错询问白起之前读过什么书,是否练习过刀剑。白起诚实地回答了问题,司马错听后点头表示满意,然后向院子后面喊道:"小梗、小靳,快出来,我给你们介绍一个新的学习伙伴。"

话音刚落,两个身材迥异的少年从后院迅速跑来。司马错指着较瘦的少年介绍说:"这是司马梗,他身体单薄,所以我让他从小练习武术,但他对武术并不感兴趣。"接着,他又指向稍胖的少年:"这是司马靳,他天性顽皮,既不学文也不学武,让人头疼,甚至气走了他们的老师。"

司马错的话语中流露出对两个孙子的疼爱和无奈。然后,他向孙子们介绍了白起,并表示:"现在好了,我给你们找了一个榜样,希望你们能像他一样努力学习文武。"

就这样,白起成为司马错的学生,也成了司马梗和司马靳的学习伙伴。不过,由于司马错忙于准备出征巴蜀,他并没有立即开始教导白起。在这期间,尽管司马错为府中的三个少年安排了学习文武的任务,并请来了名满四海的夫子尹子来教导他们，但这三个正处于叛逆期的少年并不容易管教。

时间飞逝，转眼白起已经16岁了。一天早餐后，司马错仔细观察白起，发现他身材健壮，眼神明亮，嘴唇紧抿，展现出一种难以言表的坚毅。唇边的细须为他增添了一些青春活力和一丝野性。

司马错沉稳地问道："你已经长大了，到了学习御射的年纪，你对这方面有兴趣吗？"

白起一听，眼睛立刻亮了起来，回答说："有兴趣，我一直想学。"

御射是体育与军事技能的结合，掌握得好就有机会成为武骑士。但学习御射需要一定的经济基础。普通百姓大多买不起马，而好马又常被征用为战马，即使有钱也难以购得。虽然国家设有训练场，但并不是谁都能去学的。白起知道自己的条件不够，眼神又黯淡了下去，不自觉地摇了摇头。

司马错看穿了白起的心思，安慰他说："只要你愿意吃苦，其他的事情我来解决。"在司马错心中，白起是他最看重的少年。他的孙子司马梗已经放弃了御射，而司马靳还太小，所以他决定全力支持白起学习御射。

在都城中，司马家族勉强算得上是权贵。但为了白起的未来，司马错不惜动用关系，将他安排到专业校场接受训练。这家校场位于都城渭水南的宜春苑附近，而司马家在渭水北，两地相距20余里。每天清晨，白起都要骑马到校场训练2个小时，然后再骑马回家。不说训练的辛苦，单是路上的奔波就已经让他筋疲力尽。每天训练归来，他都疲惫不堪，但内心依旧充满了对未来的希望和期待。

迈进蓝田大营

在周赧王的纪元开始时，也就是秦惠文王更元十一年（前314），司马错在寒风中轻快地从王宫走回家。他一进家门，就带着满脸笑容叫来白起和两个孙子，急切地要告诉他们一个令人振奋的消息："今天在朝堂上，陛下宣布这个月将广泛招募新兵，人数多达数千。"

司马靳，那个急躁的青年，几乎在祖父话音未落时就插嘴："这有什么值得高兴的？我们秦国年年都在征兵。"

司马错听后，微微皱眉，假装生气："你这孩子，如此不懂规矩，怎能理解这背后的深意？"他环视周围，眼中充满了深邃和期待，然后认真地说："今天，我要给你们讲讲军事策略的重要课程。我们秦国的征兵制度，实际上分为'征'和'募'两种。'募'是按照耕战策略，15至55岁的男子都在征召之列。他们由地方筛选，每3人中选2人，自备装备，战事结束后返回家乡，地方会给予奖励。而'征'则不同，专门挑选25岁以下的青年，由国家进行训练，装备由国家提供。无论现役还是退役，都按战功论赏。这次的征兵非常特殊，是陛下特别下旨，选拔标准严格，训练强度也将超过以往，目的是要打造一支精锐部队，作为秦军的先锋。"

司马梗听了，苦笑摇头，似乎自嘲地说："听起来是个吸引人的机会，但我恐怕没有这个运气和实力去争取。"

而司马靳则充满斗志，尽管知道自己还年轻，却坚定地表达了决心："我愿意尝试，不管多难，我都要挑战，突破自己的极限。"

白起则沉默思考，没有立即回应。他心想：如果这次选拔的是保护贵族、巡逻捉贼的"正卒"，那不是他追求的。

司马错注意到了白起的犹豫，温和地安慰他："白起，你可能不知道，'锐士'这个称号自商鞅变法以来就存在，不只秦国有。齐国的'技击'、魏国的'武卒'、韩国的'材士'都是精锐部队，他们在战争中发挥着关键作用。在我们秦国的大军中，真正的锐士不过千余人，他们的珍贵可想而知。这样的机会，真的是难得一遇。如果你能入选，我相信你一定能大有作为。"

听了司马错的话，白起眼中闪过坚定的光芒，慢慢地说："既然将军这么看重我，我一定会全力以赴，不辜负您的期望。"

司马错之所以如此推崇白起，是因为他有独到的眼光和识人之能。他知道白起是个难得的人才，只要有足够的时间和机会，一定能飞黄腾达。将这样的人才投入实战，既是考验，也能挖掘潜力，无疑是个双赢的策略。

春风得意，马蹄疾驰。几个月前，秦国的右更樗里疾带领着一支强大的军队，攻击如猛虎般迅猛，一举攻占了魏国的焦地。随后，在岸门（今河南许昌市西北），他与韩军进行了一场激烈的战斗。战场上战旗飘扬，樗里疾带领秦兵斩杀敌将，夺取敌旗，斩首超过万人，威震四方。

第一章 学艺

这些辉煌的胜利无疑点燃了秦惠文王心中的激情。他的东进雄心在胜利的光辉中变得更加坚定。为了打造一支无敌的先锋队,秦惠文王决定加强锐士的训练。将这支部队铸造成为秦国的锋利武器,所向披靡,让敌人闻风丧胆,为秦国的霸业开路。

几天后,一辆华丽的四马战车穿过咸阳郊外,载着白起、司马梗等五位勇士前往太乙山东侧北山脚下的神秘之地。夕阳西下,只剩下一丝柔和的余晖洒在前方,隐约显现出被矮墙围绕的院落轮廓,大家猜测这可能就是传说中的蓝田大营。然而,当他们寻找入口时,却发现这个大营竟然没有门。正当他们困惑时,一个苍老而深沉的声音打破了宁静:"想进去,移动那块石头,门就会打开。"

他们顺着声音望去,看到一位矮小的老者站在不远处,他的指示非常明确。大家按照老者的指示移开障碍,大门随即打开。然后,老者又低声命令:"请各自选择房间休息,不要互相打扰。"

院内空无一人,寂静无声,只有他们五人。老者始终站在院外,没有做任何介绍。让众人面面相觑,心中充满了疑惑:这里真的是闻名遐迩的蓝田大营吗?

既然已经到达这个地方,他们只能接受现实。大家各自找地方住下,屋内的设施极其简单,仅配备了一张桌子和一把椅子,没有其他物品。随着寒冷的夜晚逼近,薄弱的被子难以抵挡寒冷的风。虽然互相帮助或许能稍微缓解寒冷,但因为之前的禁令,他们只能无奈地放弃这个念头。

夜幕降临,星光点点,夜晚的寒意渐渐袭来。白起站起来,想到院子里找些干草来取暖,但他找到的干草并不是他想要的。那些干草实际上是长在坟头上的,根深蒂固,难以拔出。更让他吃惊的是,他发现了一块刻有文字的石头,这才意识到自己原来是在一个墓地里。他迅速回到屋内,蜷缩在被子里,不禁感到寒风刺骨,饥饿难耐,真正体验到了饥寒交迫的滋味。

当第一缕晨光出现时,老者的声音再次响起,叫醒他们,并询问是否有人冻伤。然后,他下达了新的指令:"沿着这条路向东南方向走 26 里,到营地集合!必须在 1 个时辰内到达,迟到的人自己回去!"白起忍着不适,整理好装备,走出了屋子。这时他才惊讶地发现,整个院落实际上是一个巨大的坟场。虽然白起心里有些不安,但他并不害怕。其他人也陆续走出屋子,脸色苍白,嘴唇发紫。

"大家都没事,很好!"老者简短地评价了一句,然后命令出发,"快走,不要浪费时间!"于是他们踏上了旅程,心中充满了复杂的情绪。尽管各自心里还有疑惑,但没有人说话。按理说,一个时辰足够步行 20 里,但现在他们需要多走 6 里,而且还是在空腹的情况下。能否坚持到最后,实在是个未知数。然而,犹豫并不能解决问题。他们果断地选择小步快跑,目标是远方的未知挑战。

对白起来讲,这样的快步行走或许不过是日常小事,但对于司马梗和其他三名伙伴而言,这却是一次前所未有的考验。他们出身于咸阳的显赫家族,平日出行总是骑马或乘车,从未经历过如此的辛苦跋涉。注意到他们的困境，白起便时不时地放慢自己的步伐，耐心地等待，并主动提出帮助："司马兄，我来帮你扛行李，你只需专注前行。"司马梗还在喘息，脸上带着歉意，但也很感激地将背包交给了白起。白起又激励他："紧跟我的脚步，我们不能让时间拖慢了我们的行程。"

最终，在卯时即将结束之际，白起眼前出现了一棵高大的古树，树上挂着一块木牌，上面清晰地写着"蓝田军营第三校场"。他心中一阵喜悦，立刻加快了脚步，直奔那扇壮观的木制营门而去。

营门前，四名装备齐全的士兵站得笔直，看到他们的到来，齐声喊道："欢迎！"那一刻，白起心中涌起了一股难以言表的自豪感，仿佛他已经成为一名真正的战士，踏上了属于他的战场，准备迎接未来的挑战。

趁着训练的短暂间隙，白起和司马梗舒适地躺在青翠的草地上，享受着难得的平和，闲谈着各种话题。虽然他们一起进入了蓝田军营，但由于分配到了不同的队伍，平时很少有时间相聚。

在交谈中，司马梗突然坐起，表情严肃地问道："白起，你有没有深思过，为何选择这条军旅之路？"

白起也站起身，目光坚毅，回答说："我期望能成为像吴起那样的将军，战功显赫，名震天下。"

司马梗听后，微微一笑："白起，你有远大的抱负，但要达成这样的目标，需要付出超乎常人的努力和辛苦。"

两人短暂沉默后，司马梗再次发言："实际上，我更偏爱孙武的兵法。孙武的兵法不仅是战斗技巧，更重要的是'不战而屈人之兵'的智慧。正如兵法所说：'上兵伐谋，其次伐交，其次伐兵，其下攻城。'通过精妙的政治策略和外交手腕让敌人不战而降，这才是兵法的最高境界。"

白起却有不同的观点："单纯的言辞无法解决国家间的矛盾。强国总是想用武力吞并弱国，而弱国只能尽力自卫。在这个时代，我们首先需要生存，然后才是以弱胜强，逐步削弱那些对我们威胁最大的国家。为此，我们必须增强国力，采取'霸道'政策，而不是坚守儒家的'王道'。在追求霸业的过程中，杀戮是不可避免的。"他停顿了一下，继续说："从长远的战略来看，即使不能在战争中彻底消灭敌人，也要尽可能地摧毁其主力。这样，当敌人再次面对我们时，他们还有勇气战斗吗？一旦他们的主力被摧毁，他们还凭什么与我们对抗？最终，他们只能选择投降，这才是真正的不战而胜。"

司马梗对此持有异议，他反驳说："世上的人民都渴望和平，那些好战的人会受到所有人的厌恶。那些滥杀无辜的人，最终也会被世人唾弃。"

白起的表情变得严肃，眼中闪过一丝冷酷："国家是由人民构成的，如果消灭了敌人的士兵和所有成年男性，剩下的女性又能如何？战争自然无法继续。杀死一个人是罪行，但屠杀成千上万的人就能成为英雄。屠杀百万人，更是英雄中的英雄。"

司马梗听到这些话，心中涌起一股寒意。

第二章 雏鹰

秦楚关系破裂

在两个少年探讨战争的同时，秦惠文王正在咸阳的王宫中与群臣讨论国家大事。国相张仪建议通过军事手段迫使韩国和赵国加入秦国的"连横"策略，以对抗楚国和齐国的"合纵"策略。秦惠文王同意了这个提议，并命令樗里疾和魏章带领军队进攻韩国和赵国。

韩国由于国力较弱，在秦国的威胁下，韩宣惠王根据相公公仲侈的提议，决定割让城池求和，并派兵协助秦国攻打楚国，以此换取秦国转移目标。这一策略让韩国暂时逃过一劫，但同时也使得秦楚关系更加紧张。

同时，赵国在赵武灵王的统治下，虽然不愿过多介入中原的战争，但面对秦军的进攻，不得不应战。在蔺邑的战斗中，经过几轮小规模的冲突，秦军采取诱敌之计，最终大胜赵军，并俘获了赵军主将赵豹。赵武灵王无奈之下只能派使者求和，加入"连横"同盟。

面对秦国的扩张野心，楚国在楚怀王的领导下，联合齐国等力量，共同对秦国控制的曲沃发起了攻击。秦惠文王得知此事后，采纳了张仪的计谋，计划一方面打击齐国，另一方面引诱楚国断绝与齐国的联盟，转而与秦国结盟。

第二章 雏鹰

为了实施这一计划,张仪携带了丰厚的礼物前往楚国。尽管初到楚国时遭遇了一些冷落,但他巧妙地借助了靳尚的影响力,最终得以见到楚怀王。张仪向楚怀王提出了诱人的条件:只要楚国与秦国结盟并断绝与齐国的关系,秦国就愿意割让商於(今河南淅川西南)地区的600里土地给楚国。

然而,张仪回到秦国后,却拖延了割地的承诺。楚怀王发现自己被骗后,愤怒之下准备讨伐秦国。但经过深思熟虑,他最终选择了更为稳妥的策略,转而攻打"连横"同盟的韩国,以此试探秦国和齐国的反应。

时间来到了秦更元十三年(前312),楚军大举进攻韩国,韩国急忙向秦国求援。此时,楚国的景翠和屈匄两位将领屯兵于商於地区,与秦国的魏章将军形成了对峙局面。而秦国的另一位将领樗里疾,则与魏军并肩作战,共同抵御齐国的进攻。

当楚怀王得知秦国出兵援助韩国的消息后,他的愤怒达到了顶点。他决心要夺回商於地区,于是派遣屈匄和逢侯丑两位将领率军迎战秦军。秦惠文王也不甘示弱,命令魏章全力反击楚军的进攻。

秦楚激战,秦军告急,秦惠文王速派司马错、嬴华率军驰援,经商邑反击,夺回商於。秦军再出武关(今陕西丹凤东南),与魏章合兵,猛攻楚军。丹阳(今陕西、河南两省间的丹江以北)之战,秦军遇楚将屈匄及逢侯丑援军,双方激战。嬴华、魏章智避锋芒,立营加固,屈匄轻敌偷袭,惨败收敛。

不久,秦军伏击楚军,樗里疾自韩分兵支援,大败楚军,俘将众多。然楚未降，反增斗志，楚怀王集兵反击，邻邦亦动。樗里疾援魏抗齐，司马错、甘茂横扫汉中，败楚军。楚怀王决意倾国反击，魏章兵力不支，求援未果。

楚军势如破竹，占丹阳、商於，围攻武关。秦楚战火重燃，战国天空硝烟再起。

在紧迫的局势下，秦惠文王迅速召集了张仪、嬴华、魏冉等一众重臣，共商国是。面对危局，除了火速调兵增援，似乎别无选择。然而，增兵之路又谈何容易？樗里疾正于魏国东部激战，与魏军联手于煮枣（今山东东明南）大败齐军，俘获齐将声子，并成功将齐军逐至濮水之畔。但调遣樗里疾之军，无疑是远水难解近渴。司马错虽刚平定汉中，其部离武关较近，无奈路途艰险，回援之路充满变数。

在此关键时刻，嬴华成了唯一的希望。蓝田驻军已尽数调出，仅剩数千名尚在训练中的精锐后备，秦惠文王对其视若珍宝，不愿轻易动用。然而，若武关失守，这支力量将是最后的防线。于是，他毅然决定让嬴华率万余禁军自骊山大营火速驰援武关。

武关，作为秦楚之间的咽喉要地，两军已在此激战数日，伤亡惨重。楚军为求速胜，倾尽所有攻城器械，日夜猛攻。嬴华深知武关难以坚守，计划出城回防都城咸阳。他认为，武关背后的商邑地势平坦，无险可守，而商邑之后便是蓝田，蓝田大营与咸阳兵力均显薄弱。他的首要职责是保卫都城，秦国诸多城邑中，唯有咸阳不可失。

第二章 雏鹰

然而，魏章得知嬴华的意图后，极力劝阻，认为出城太过危险。咸阳有张仪、公子荡、魏冉等人坐镇，足以担当守城重任。但嬴华心意已决，仅率十几名禁军护卫出城，不幸遭遇截击，英勇牺牲。

武关随即沦陷，楚军如入无人之境，直扑商邑。魏章见状，决定撤至蓝田，利用蓝田关的有利地形进行阻击。

此时，在蓝田大营的第三校场，正在刻苦训练的白起接到了紧急命令：早饭后立即整装待发，前往蓝田关道入口处。虽然对任务内容一无所知，但白起还是迅速准备好了长戟、弓箭、靴刀，穿上轻装铠甲，静待出发。

蓝田关道横贯秦岭，直通荆楚之地。白起率领千余名预备精锐，一路疾行，在天黑之前赶到了蓝田关道入口。环顾四周，只见险峰耸立，悬崖峭壁，仿佛置身于深邃的枯井之中。

一夜无眠，天刚蒙蒙亮，突然传来一阵急促的鼓声。白起抬头望去，只见一队人马正快速逼近，旗帜与服装均为土黄色，原来是楚军！

虽然众人已听出鼓声是冲锋的信号，但仍稍有迟疑。十人组中的什长尚未下令，白起已大喊一声"杀"，率先冲了下去。顿时，喊杀声在山谷间回荡，兵器碰撞声此起彼伏。战斗结束后，白起才得知，这支百多人的楚军原是前来探路的，未曾料到秦军会在此设伏。楚军被困山谷，难以逃脱，被俘的军官还透露，楚军主力将在3日内攻占蓝田，直逼咸阳。

然而，3天后，楚军主力并未如期而至，反而全线撤退。原来，樗里疾的人马已从魏国赶回，司马错的人马也从汉中横插过来，准备截断楚军的退路。同时，韩、魏联军趁楚国国内空虚，攻入楚境，逼近宛城。楚怀王闻讯大惊，深知破秦入咸阳已难实现，若司马错截断楚军退路，韩、魏联军再攻占后方，楚军将陷入险境。于是他急忙召集众将商议对策，最终除景翠外，其他将领均赞同昭雎的建议：以一部兵力佯攻，做出决战姿态，掩护楚怀王和楚军主力悄然撤退。楚怀王虽心有不甘，但也只能无奈退兵，空留遗憾。

请求参战　随军转战秦楚战场

白起首次参与战斗，却感觉战斗如流星划过夜空，转瞬即逝，让他感到尚未尽兴。回到营地，他急忙寻找他的好友司马梗，与他共享那初次战斗的新鲜感和兴奋。

"这场战斗仿佛一场盛宴，我刚要动筷子，却被告知宴席已经结束。"白起用这样的比喻来形容他的初战体验。

司马梗听罢，眼神中流露出一丝羡慕："白起，你比我幸运多了。"他不是因为错过了建立战功的机会而遗憾，而是觉得自己在体力和战术上与白起还有差距。

白起微微一笑，谦虚地回应："实际上，司马梗，我们各有所长。我有的是力量，而你有的是智慧。如果将来我能成为将军，我希望你能作为我的智囊，与我并肩作战。"

司马梗挥了挥手，笑着说："你的抱负真远大，我可没那么远大的志向。对我来说，如果能在训练结束后顺利通过考核，成为

第二章 雏鹰

精锐的一员，我就已经很满足了。"由于个人兴趣和体质的原因，司马梗更倾向于研究军事理论，对于实际战斗则稍显缺乏信心。

"不必担心，我们还有 40 多天的时间，一起加油，我相信你一定能成功，"白起的鼓励充满了温暖和决心，"我真心希望我们能像兄弟一样，肩并肩战斗，共同创造辉煌。"

时间飞逝，转眼 40 天已过。白起凭借 3 次甲等的杰出表现，光荣地成为锐士的一员，并被提升为什长。更让他兴奋的是，司马梗也以 1 次甲等和 2 次乙等的成绩顺利完成考核，并且被编入了白起所在的"什"。他们共同战斗的愿望终于成真。

白起打算利用这次难得的假期，回到咸阳拜访他尊敬的老将军，亲自向他报告这个令人振奋的好消息。他邀请好友司马梗一同前往，共同进行这次温馨的拜访。但是，他们一直从天明等到深夜，直到天色漆黑才看到司马错将军慢慢回家。

白起礼貌地鞠躬致敬，却意外发现将军情绪低沉，只是简单地说了句"你们回来了"，然后转身走进了书房。白起感觉到了将军心中的不快，但出于对将军的尊重，并没有立刻询问原因。

直到司马靳回来，白起才从他那里了解到事情的原委。原来，秦惠文王对最近的秦楚之战的结果非常不满，认为秦国没有获得实质性的好处，反而遭受了重大损失，甚至右庶长赢华也壮烈牺牲。这场战斗的结果让本就身体不适的司马错将军感到自责，病情也因此加重。

对于这场战斗的评价众说纷纭。一些人认为，占领汉中是战斗的唯一亮点，司马错和魏章功不可没；但也有人认为，如果不是司马错分兵攻占汉中，丹阳到商邑的战线就不会陷入危机，楚军几乎攻破蓝田，威胁到都城，司马错应该为此负责。面对这些纷繁复杂的议论，司马错将军的心情自然难以平静。

白起听到这些，内心为司马错将军感到不公。然而，以他目前的能力与地位，还无法为将军分担这份沉重的压力。这份无奈与忧虑，只能深藏心底。

第二天，白起与司马梗和司马靳一同在城中漫步，感受这座城市的生活气息。近一年来，王宫附近新建了一座校场，禁卫军在此不断操练，秦惠文王也经常亲临现场，指挥军队，显得威严无比。

当三人在街头行走时，注意到人群纷纷涌向校场，据说公子荡正在招募人才。公子嬴荡天生力大无穷，喜欢战斗，常与他人比试力量，不拘小节，性情豪放。这次他招募武艺高强的人才，准备用新奇的武器征战沙场。校场上，各种比赛正激烈进行：驯服狂野的公牛、驾驭烈马、举起重物、挥舞戈矛、拉开强弩等，场面令人震撼。

三人加快脚步，到达校场。看到一位壮汉如铁塔般站立，头戴黑铁头盔，上身赤裸，只穿一件短甲，显得英气逼人。他向观众行礼，面带微笑，准备开始。士兵牵来一头强壮的公牛，壮汉接过绳子，突然揭开牛头上的黑布，公牛怒目而视，猛冲过来。壮汉稳如泰山，放开绳子，抓住牛角，用力扭动，公牛轰然倒地。壮汉用单臂按住牛头，另一手拔出靴中的刀，准确刺入牛颈，鲜血四溅，观众惊叹不已。

第二章 雏鹰

白起惊讶地问司马靳："这人是谁？"司马靳低声回答："这是公子荡的门客孟贲，据说他'水行不避蛟龙，陆行不避虎兕'，勇猛无比。"

接着，又有一位大力士双手各举起约300斤的石碾，绕场一周，力量惊人。普通人别说双手各举一碾，就算双手合抱一碾，也是难得的壮举。

白起正沉浸在这力量与技巧的盛宴中，公子荡突然在人群中发现了他，热情地邀请他。公子荡笑着问："公孙公子，听说你已经成为锐士，毕业了吗？愿意加入我的麾下，一起谋求大业吗？"白起谦虚地回答："公子的厚爱，白起感激不尽。锐士训练虽然结束，但我没有特别的技能，恐怕难以承担重任，辜负公子的期望了。"

公子荡笑着表示："无妨，我不过随意一提，并没有非要你答应。在你看来，我的这些力士表现如何？在你的锐士队伍中，是否有人的能力能与他们相提并论，甚至是超越他们的？"白起沉吟片刻，脑海中浮现出一位名叫任鄙的同僚，他在训练时使用一柄自制的铜柄铁头长戟，该戟重达50斤，威力惊人。白起随即兴高采烈地向公子荡举荐了这位勇猛的战士。

当三人正专注于校场的壮观场面时，一名将军府的军务士卒急忙赶来，告诉他们需要立刻回去，因为有紧急事务需要与司马将军商讨。他们一回到司马府，白起才知道司马错将军将再次出征，这次是带领援军前往楚国的召陵，支援正在与楚将昭常交战的甘茂。听到这个消息，白起立刻感到振奋，并向司马错请求参战。

但是，司马错坚决地回答说："不行！"

白起迫切地请求："将军，您不是一直鼓励我从军，以便在战场上建立功勋吗？现在正是我展示自己能力的时候，您为何不给我这个机会？"

司马错苦笑着说："不是我不愿意给你机会，而是你对我们的军事体系还不太了解。现在有时间，让我给你详细解释一下。"然后，他召集了司马兄弟，耐心地为他们解释秦军的复杂体系。

"秦国的军队非常庞大，负责边防和征战的部队称为'更卒'；保护京城和执行特殊任务的禁军称为'正卒'；在地方郡县服役的部队则称为'戍卒'。在'更卒'中，根据征募方式的不同，又分为'征卒'和'募卒'。'募卒'在和平时期每年更换一次；而'征卒'则是常备军，实际上很难做到每年更换。

"再来说说兵种，秦军主要分为步兵、战车兵和骑兵三种，如果将锐士单独计算，那么总共有四种。你们所在的锐士二旅是大王亲自选定的兵种，目前还没有确定其归属。之前，锐士部队由嬴华将军管理，因此你们很可能被归类为'正卒'，成为一个独立的兵种。但是，现在嬴华将军已经英勇牺牲，如果要调动这支部队，可能需要大王的特别许可。"

司马错稍微停顿后，接着说明："而且，不只是锐士，就算是调动一般士兵，也得遵循严格的流程。军队的常规管理与军事行动的指挥权是区分开的。任何将军，不论其爵位多显赫——实际上，只有九级或以上的爵位才能被尊称为将军——若要调动 50

第二章 雏鹰

人以上的部队,都必须要得到大王的调兵虎符。虎符被分成两个部分,一半由大王保管,另一半则由将军持有。当大王指派将军执行任务时,会将虎符的另一半交给将军,只有两半虎符相合,才能正式调动兵力。尽管将军府内设有文书、军师、情报、器械等职位,但这些并不涉及军营的日常管理。军营依据规模被划分为多个等级,从基层的'伍长'到高级的'军将',都有人负责相应级别的士兵管理。简而言之,将军只有在手持虎符并执行具体军事任务时,才能指挥那些被调动的部队。"

听完司马错的解释,白起对司马错的处境有了更深刻的认识。即便如此,他依然坚定地表达了自己想要进入真正战场,以进一步锻炼自己的愿望。面对白起再三的请求,司马错终于被打动,同意说:"我马上要进宫与大王讨论重要事务,我可以顺便为你说说好话,但最终能否成功,我就不能保证了。"

在前往王宫的路上,司马错偶遇了匆忙赶路的相国张仪,于是上前搭话:"相国如此急促,可是有要紧事待办?"张仪向来直率,被司马错一问,便坦诚相告:"秦楚之战后,楚军撤退,楚怀王召回了被流放的屈子(屈原),恢复了他的三闾大夫职位,并计划派他重新出使齐国,以修复两国间的关系。大王因此事焦虑,特召我入宫商讨对策。"

两人边走边谈,很快到达了咸阳宫的后殿。尽管秦惠文王身体不适,但他依然坚持与他们一起讨论国家大事。秦惠文王担心的是,屈原的出使可能会导致"合纵"联盟的重新形成,对秦国构成威胁。同时,蜀地因陈庄的叛乱而动荡,他担心陈庄可能会投靠楚国。因此，秦惠文王派使者去楚国，提出用汉中一半的土地换取楚国贫瘠的黔中地区，并表达与楚国和解的意愿。然而，楚怀王对秦国已失去信任，对使者表示："我们不需要交换土地，只要秦国交出张仪，楚国就愿意交出黔中地区。"

听到这话，张仪毫不犹豫地表示："我愿意前往楚国。"秦惠文王却担忧地说："相国虽然聪明，但竟看不出这是楚国的计谋吗？相国曾欺骗楚国，楚国又多次败于我们，楚怀王肯定心怀怨恨，此时派相国去，岂不是让相国置身于险境？我怎能不顾相国的安全？"

张仪看到秦惠文王如此关心自己，心中感激，慷慨地说："现在的形势是秦强楚弱，有大王的威望，楚国不敢轻举妄动。而且我和楚怀王的宠臣靳尚关系很好，靳尚又深受楚怀王宠妃郑袖的信任。如果我遇到危险，靳尚一定会向郑袖求助，而郑袖的话，楚怀王没有不听的。这样，我一定能转危为安。如果运气好，说不定还能促成秦楚之间的联盟。"

秦惠文王听了张仪的话，虽然对他的才智充满信心，但仍有些疑虑地提醒道："相国虽然才华横溢，但世事难料，楚怀王必定更加谨慎，如果在楚国遇到麻烦，脱身可能不容易。"

尽管如此，张仪仍然坚持自己的决定，决定出使楚国。秦惠文王见张仪决心已定，便命令准备礼物和文书，派张仪再次前往楚国。

张仪离去后，司马错带着不解向秦惠文王提问："大王既然已经指派相国去楚国商谈和议，为何还命令我领兵进攻楚国的召陵呢?"

秦惠文王轻咳一声,用一种平和而深邃的声音回答:"在国际关系中,我们必须同时运用外交和军事力量。只有当我们的军事力量足够强大时,我们的外交言辞才能得到对方的尊重和信任。"

秦惠文王的话让司马错微微一笑,他的困惑似乎得到了解释。随后,司马错大胆地向秦惠文王请求调动精英部队。秦惠文王听后,立刻点头同意。

第二天清晨,十几名骑兵像射出的箭一样疾驰,直奔蓝田大营,白起也在其中,显得英勇威武。司马错精心挑选了精锐的士兵、骑兵和步兵,总共约1万人,组成了一支强大的军队,迅速向魏楚边境的召陵进发。

目前,甘茂指挥的秦军与昭常领导的楚军陷入了一场持久的对峙。一个月来,虽然两军没有展开全面的大战,但小规模的交火此起彼伏,双方都已损失了近三成的兵力,战场上硝烟四起,死伤无数。

在这一天,秦楚两军再次展开了激烈的战斗。随着夜幕降临,甘茂正准备命令部队撤退,以保留军力。但就在这一刻,他看到北方出现了两面黑色军旗,正缓缓接近,他心中立刻充满了难以言表的喜悦:援军终于抵达了!他立刻重新调整了战斗阵型,准备再次加入战斗。原本打算撤退的士兵们,看到这一幕,不禁互相交换了疑惑和疲惫的眼神。夜幕已深,他们已经非常疲惫,而楚军将领昭常也感到困惑,不清楚秦军为何在这个时候选择继续战斗。

秦军如同下山的猛虎一般,从右侧前方急速冲击,昭常心中暗自咒骂:"秦军这是怎么了,疯了吗?"但在战场上,他没有时间迟疑。他立刻命令后方的部队迅速支援前线,双方纷纷向前线增兵,准备重新排列阵型后再战。然而,这一次,秦军的行动出人意料。他们没有排列阵型,而是直接发起了攻击,没给楚军留下任何准备的机会。

一位秦军士兵手持长矛,率先冲入敌阵。他手中的长矛快速刺出,横扫一片,多名楚军士兵倒下,楚军的阵型立刻被打乱。随后,这位勇士的冲锋进一步使楚军陷入混乱。

经验丰富的司马错和甘茂迅速抓住了这个机会。他们立即指挥骑兵快速移动到敌军后方,切断楚军后援的路线,同时命令步兵全面进攻,包围并消灭前线的楚军。在秦军的强烈攻势下,楚军不久便彻底崩溃,战场上一片混乱。

夜幕降临,甘茂的帐篷里灯火辉煌。甘茂用一种既严厉又充满关心的口吻对白起说:"作为什长,你本不应独自行动,更不该违背军令。难道你忘记了军中的规矩吗?'不闻鼓声不列阵'的训诫,你也没有放在心上吗?"白起静静地接受批评,低着头,脸上显露出深沉的懊悔。

司马错明白甘茂的严厉是出于对军队纪律的坚持和对士兵的关心,所以他故意没有插话,以避免造成难堪的局面。就在这一刻,他心中突然萌生了一个想法:如果将锐士和骑兵结合起来,是否能够形成更强大的战斗力呢?

在楚军营地,那座土黄色的帐篷内,气氛显得格外压抑和

第二章 雏鹰

庄严。楚国将领昭常与屈原目光相对，两人却缄默不语。屈原是受楚怀王之托出使齐国并顺路来慰问军队，但他刚抵达营地，就目睹了楚军的溃败。他本人曾数次在战场上经历生死，然而，此刻的悲痛前所未有。

经过长时间的沉默，屈原终于打破了这片寂静："昭常将军，明天让我去把那些战死士兵的遗体带回来吧。"他的声音虽然低沉，却很坚定，表达了对逝去生命的深切哀思。昭常慢慢地点头，眼神中流露出无法掩饰的无奈和悲伤，接受了战败的残酷现实。这场战斗，原本数万的大军现在只剩下几千人，损失之重，让人心痛不已。

清晨，当阳光透过薄雾，一名士兵快步走进甘茂的帐篷，报告说："楚国的三闾大夫屈原到了，想要和我们谈判和平。"甘茂听到这个消息，表情平静，他对屈原的联合主张并不认同。当屈原出现时，甘茂用一种平和但稍显疏远的语气说："屈大夫如此辛勤地为楚怀王效力，看起来并没有得到相应的回报，这又是何苦呢？"

屈原听了，脸色没有变化，他坚定而平静地回答："我所做的一切，不仅是为了怀王，更是为了楚国，为了楚国的百姓。"

甘茂轻轻摇头，似乎对屈原的坚持不太认同，他接着说："屈大夫这次东行，恐怕您的愿望难以达成。"

屈原听到这话，嘴角露出一丝微笑，没有直接回应甘茂，而是转而提出了一个请求："我只希望，能将我楚国战死的士兵带回故土安葬，让他们能够安息。"

甘茂听完后，虽然心中有许多想法，但最终还是同意了屈原的请求。于是，在那一天，楚将昭常带着残余的部队，默默地离开了召陵这个战场。

秦楚战场告一段落

在秦惠文王精心策划下，张仪开始了他前往楚国的外交之旅。然而，他刚到达郢城，就被楚怀王囚禁起来，甚至面临要以生命祭祀太庙、安抚祖先的严重考验。

面对这种突如其来的变故，张仪的随行人员都对他的先见之明表示钦佩，好像他早已预测到了这一切。魏章遵循张仪预先的布局，一行人携重金厚礼，巧妙周旋。张仪的老友靳尚、司马子椒以及楚怀王宠爱的郑袖，均被这份诚意打动，各自施展手段，力促张仪脱困。其中，靳尚尤为积极，他既为财帛所动，更担忧自身牵连其中，于是精心策划了一场救援行动。

经过深思熟虑，靳尚进宫拜见楚怀王，表面上是为了庆祝楚怀王即将实现愿望，实际上却暗含深意。他巧妙地对张仪明知有危险却仍然前来的行为提出疑问，激发了楚怀王的深思。靳尚进一步暗示，张仪可能是出于对秦楚和平的真诚愿望才不顾个人安危前来，而楚王如果因为个人恩怨而忽视了大局，可能会引起秦国的报复，使楚国陷入孤立无援的境地。

靳尚的言辞直截了当，击中要害，楚怀王虽然心中不快，却无法反驳。接着，靳尚又转向郑袖，用秦王可能赠送土地和公主的消息作为诱饵，触动了郑袖对于失宠的忧虑，成功说服她向楚怀王求情。

夜幕降临,楚怀王回到后宫,看到郑袖泪眼蒙眬,便询问原因。郑袖趁机阐述了其中的利害关系,提醒楚王,虽然杀张仪可以泄愤,但若因此得罪秦国,实在是不明智的行为。楚怀王听了之后,开始犹豫不决。

第二天早晨,大臣们聚集在朝堂上,讨论张仪的命运。靳尚首先发言,强调处死张仪对楚国没有好处,反而会伤害到秦楚之间的关系。司马子椒等人也纷纷表示赞同,主张从实际利益和长远战略出发,应与秦国修好。在郑袖的劝说和大臣们的一致建议下,楚怀王最终决定宽恕张仪。

张仪得以亲自面见楚怀王,对楚怀王没有对他下杀手的决定表达了深深的谢意,并借此机会详细解释了"连横"的策略。他指出,天下的形势已经向着秦国倾斜,而"合纵"联盟已经名存实亡。张仪强调了秦、楚两国之间的亲缘关系和地理上的接近性,极力劝说楚怀王放下过去的恩怨,与秦国一起寻求和平,从而使两国的人民受益。

在张仪的能言善辩之下,秦国和楚国最终达成了一项口头和解协议,为两国未来的和平相处奠定了基础。

武王新立

张仪一回到住处,就感到形势紧迫,担心楚怀王会改变主意。于是他立刻命令魏章和其他随行人员快速整理行李,趁着夜色匆忙启程,返回秦国。

2天后，屈原作为出使齐国的使者，带着满满的收获归来。然而，他惊讶地得知张仪不仅再次来到楚国，还成功说服楚怀王接受"连横"策略，并且让楚王放下过去的恩怨，有意与秦国重建友好关系。这个消息对屈原来说如同晴天霹雳，他感到自己前往齐国的努力都白费了，齐、楚之间的和解似乎已成泡影。毕竟，如果楚国向秦国示好，齐国必定会断绝与楚国的关系，楚国失去了齐国这个强大的盟友，秦国自然也就不再需要通过割让土地或赠送礼物来求和。

屈原心急如焚，立刻进宫去见楚怀王，坦率地说："过去大王被张仪欺骗，现在张仪又来了，我以为大王会严惩他以解心头之恨。没想到大王不但没有惩罚他，反而再次被他的甜言蜜语所迷惑。张仪与楚国之间的仇恨，是国仇，不仅仅是大王个人的恩怨。即使是普通百姓也难以忘记这种仇恨，更何况大王是一国之君呢？"楚怀王听了这番话，感到懊悔，马上派靳尚带领士兵去追捕张仪。

但是，靳尚虽然接到了命令，却没有全力以赴。他追了几天，始终没有发现张仪的踪迹，加上他本来就不太愿意追捕，因此并没有穷追不舍。不幸的是，在返回的路上，靳尚遇到了一支魏国的军队，最终遭遇了不幸。

当张仪带着成就归来，到达咸阳时，他惊讶地看到东南门牌楼下陈列着秦王的仪仗，心中顿时感到一股暖意，以为秦惠文王亲自来到城门外迎接他。他满怀欣喜地下了马，快步向前，准备行礼致敬，但在抬头的瞬间，他发现坐在行榻上的竟然是秦惠王

第二章 雏鹰

之子嬴荡公子。张仪心中微微一惊，稍作犹豫后，还是上前恭敬地行了礼。

这时，站在嬴荡身后的太师颜率用严厉的声音说道："相国大人，难道您连叩首都忘记了吗？"张仪听到这话，心中不免感到惊讶：作为相国，向太子行礼本应是恰当的。然而，太师颜率看到张仪脸上的困惑，便进一步解释说："先王已经去世，公子已经继位，你们应该以君臣之礼相见。"

听到这个消息，张仪心中顿时感到一阵寒意。他原本打算向秦惠文王汇报自己的成就，却没有料到在短短2个月内，局势已经发生了巨大的变化。他清楚地意识到新王嬴荡（即秦武王）对自己并无太多好感，对于未来的道路，他必须重新考虑，谨慎地规划自己的每一步。

就在这一刻，从东南方向走来了一支数十人的队伍，原来是司马错和甘茂带领的军队胜利归来，秦武王亲自前来迎接。他们走到秦武王面前，行了叩首礼，表明他们已经知道都城中发生的变化。看到这一幕，张仪心中充满了复杂的情绪，感到更加不是滋味。

一般来说，军队胜利归来时，应该有成千上万的士兵跟随，但眼前的队伍只有百余人，这些人应该都是在战争中立下战功、获得爵位的将领。在他们之中，白起也在列。他刚刚被提升为卒长，也就是百夫长，还没有被授予爵位，在这些将领中看起来并不显眼。张仪心中疑惑，不明白为什么会把这个不起眼的小卒也包括在内。

秦武王随后前往王宫东边的校场，那里已经聚集了喧闹的人群。在众多护卫的簇拥下，他乘坐着华丽的马车穿过拥挤的街道，到达了看台旁边。秦武王亲自宣布了嘉奖令，对张仪和魏章的杰出贡献表示了极高的赞扬，并且也对司马错、甘茂、樗里疾等多位将领的显赫战功进行了封赏，这项荣誉甚至延伸到了未参与战斗的魏冉等人。他还特别表彰了公子壮、向寿等年轻有为的王室成员，赋予他们官职以示激励。

接着，在南兴乐宫，秦武王举办了一场盛大的宴会。这场宴会邀请了王室成员和高级官员，不仅是为了表彰那些有功的士兵，也是秦国迁都咸阳后首次举办的大型庆典。

一支庞大的马车队缓缓向渭南进发，约有百辆马车。在行进中，左庶长甘茂热情地邀请白起与他同乘一车，这让白起感到意外且受宠若惊。在车上，白起表现得十分谨慎，几乎不敢大声呼吸。车队经过一座水桥时，白起不经意地抬头，发现前面的驷乘华盖马车开始减速。

突然，秦武王转头向白起发问："公孙起，你是否已经决定好加入禁军成为虎贲武士？"白起内心感到惊讶，没想到秦武王还记得此事。虽然他并不十分愿意，但在秦王的询问下，他一时不知如何婉转拒绝。毕竟，侍奉君王如同与虎同行，稍有不慎就可能招致灾祸。他的目光掠过秦王身边的禁军，注意到任鄙正骑马领头，显然是这支卫队的首领。

白起明白，成为王的近卫武士将享有许多特权，但这与他的志向不符。于是，他大声回应道："启禀王上，我对虎贲武士之位心仪已久，但自觉还需在战场上磨炼3年，以提升自己的体魄和技艺。"

秦武王听后并未动怒，反而开怀大笑："好，你的3年之约我记下了！"由于秦武王的马车行驶缓慢，其他车辆不敢超前，整个车队的速度也随之放慢。这时，秦武王从驭手那里接过鞭子，一声清脆的鞭响，亲自驱赶马匹，这位年轻的君王竟然亲自驾驭马车，让在场的众人都惊讶不已。

第二天，秦武王在咸阳宫召集了朝中的文武重臣，共同讨论国家大事。这次会议由右更樗里疾主持，讨论的焦点集中在两个主要问题上：一是如何针对当前错综复杂的天下形势制定秦国的外交策略；二是对于义渠和巴属内部日益加剧的动荡，应该采取安抚还是镇压的政策，并决定派遣哪位官员前往处理。

张仪首先发言，他历经重重困难才得以返回，深刻体会到楚王对秦国的忌惮。他建议秦国不应违背对楚国的承诺，主张将汉中的一部分割让给楚国，并与楚国联姻以加强两国关系。然而，司马错对此表示反对，他认为楚国的使者未能说服齐国，因此"合纵"联盟难以形成，秦国目前没有外部威胁，楚国也不敢轻举妄动。因此，他主张可以暂时搁置与楚国的问题。

看到有几人支持司马错的观点，张仪没有继续争辩，而是转向讨论对东方各国的策略。他指出，如果东方发生重大变故，将是秦国扩张领土的好机会。他提到自己与齐王的恩怨，并表示愿意前往魏国，诱使齐国攻击魏国，从而为秦国提供攻击韩国、进军三川的机会，进而控制天子，以实现帝王之业。太师颜率同意张仪的观点，尽管他过去曾与张仪在先王面前争宠，但这次他全力支持张仪的主张。

尽管太师颜率的长篇大论让樗里疾难以插话，但他还是向秦武王投去了寻求发言的目光。秦武王立刻明白了他的意思，表示东方的策略需要进一步的精细规划。随后，他将注意力转向了西北的义渠和西南蜀国的反叛问题，并请求在场的大臣们推荐合适的将领人选。

经过一番讨论，大臣们普遍认为樗里疾是平定义渠的最佳人选，而司马错和甘茂则适合去平定蜀国的叛乱。秦武王心中早已有了打算，他知道樗里疾年事已高，且还需负责都城的防卫，让他出征实在是有些不忍，但他确实是最合适的人选。同时，他也考虑到了司马错的年龄和甘茂的潜力，决定利用这个机会来培养年轻的将领。

最终，秦武王做出了决定：公子壮将随樗里疾进入义渠和丹犁地区，具体的处理方式由樗里疾自行决定；甘茂被任命为主将，司马错为副将，前往蜀地平定叛乱；而魏冉则暂时代理都城的防卫工作。

朝议结束后，张仪主动辞去了相国的职位，并交还了相印。秦武王为了表达感谢，赠予张仪百镒黄金，但张仪婉拒了这份礼物。秦武王不高兴地问："难道相国觉得这还不够吗？"张仪无奈之下只好接受了。此外，秦武王还命人准备了30辆马车，护送张仪前往魏国。同时，秦武王也准备与魏襄王在临晋举行会盟，共同商讨大计。

第三章 小试牛刀

入蜀平乱

秦武王元年（前310）春，甘茂和司马错这两位杰出的将领，带领着一支庞大的军队，再次踏上了前往蜀国的征途。在这支军队中，有一位年轻的将领司马梗，这是他第一次参与实战，他的心中充满了紧张和不确定，身体也不由自主地轻微颤抖，可能是因为对未知的恐惧，也可能是由于春天的寒冷。

方洛注意到了司马梗的不安，便迅速走上前，用一个友好的微笑来缓解他的紧张情绪："嘿，年轻人，看起来你可能还没有经历过这样的艰苦旅程。别担心，一旦我们翻越了秦岭，你就不会感到这么冷了。"

几天后，秦军成功穿越褒斜谷，进入了汉中地区。这里的春意盎然，让士兵们感受到了温暖和生机。然而，他们的喜悦并没有持续太久，因为他们知道更大的挑战还在前方等待着他们。他们需要横穿汉中郡，到达南郑邑，然后向西进入金牛道，这才是真正的入蜀之路。这条路上的栈道绵延千里，如同一道天然的屏障，考验着他们的勇气和智慧。

当大军行进到金牛道的烈金坝时，甘茂命令白起和乌获作为先锋前往前方探路，而大军则紧随其后两里。司马错严肃地告诫白起："这一路上大多是人工栈道，上方是陡峭的悬崖，下

第三章 小试牛刀

方是湍急的河流，非常危险，你们一定要小心。沿途还有十几处大小不一的关隘，每过一关都要格外谨慎。"

白起等人领命出发后，甘茂仍然有些担忧，他问司马错："司马将军，叛军会不会在路上设伏呢？"司马错自信地回答："可能性不大。从巴山到古巴国的400里路程，地形复杂，没有适合大部队埋伏的地方。再说，叛军也不知道我们大军何时会经过，不太可能提前在这里等待。"

甘茂又提出了另一个担忧："那叛军有没有可能破坏栈道，以阻止我们进入蜀地呢？"司马错沉思了一会儿，然后说："这倒是有可能。不过我们派先锋去探路，就是为了检查道路是否被破坏。即使敌人这样做了，我想破坏也不会太严重，因为破坏容易，重建却难啊！"

甘茂点头表示同意司马错的看法，但他内心的忧虑并未完全消除。就在这时，突然传来了众人的惊叫声。原来是有人从栈道上坠落了！白起急忙跑上前去查看，发现坠崖的竟然是司马梗。他正像壁虎一样紧紧抓住栈道的边缘，情况十分危急。

"快拿绳索来！"白起大声喊道，迅速放下手中的长矛和背上的弓箭，将绳索绑在自己腰间。他又大声命令道："乌获，你们抓住绳头，慢慢放我下去！"在大家的共同努力下，司马梗终于被安全地拉了上来。他虽然惊魂未定，满脸是血，却还能自嘲地说："我一个锐士，第一次出征，如果没死在战场上，却死在了这里，那可真是个笑话。"

成功穿越了几道险关之后，前锋部队沿着蜿蜒的小路行进到了牛头山的侧翼。在茂密的树林中，一条石阶小径曲折地通向山顶的关隘。白起目光锐利，对身旁的乌获说："根据司马将军提供的地图，过了这条江，我们就应该进入了巴蜀的腹地——葭萌关了。叛军肯定会在这里布下重兵阻截我们，我们是否应该提醒大家提高警惕，做好准备？"乌获刚一点头，突然间，一阵震耳欲聋的呐喊声在山谷中回荡，山坡上瞬间出现了两队全副武装的士兵，箭矢如雨点般密集地射来。

原来，蜀国的相国陈庄在得知秦军即将进攻的消息后，迅速增援了葭萌关，并亲自前往督战。同时，他还加强了牛头山和天雄关的防御，形成了与葭萌关相互支援的防御体系，共同抵抗秦军的进攻。

面对突然的攻击，白起迅速采取了应对措施。他一边命令部队就地进行反击，一边带领着十几名精锐士兵冲向一个高坡，试图占据有利的地形。但是，他们很快就被一阵密集的箭雨逼退了回来。

白起审时度势，命令全体士兵后撤50步，摆出防御阵型。他冷静地对乌获说："我们前军只有二百来人，想要攻上关隘显然是不可能的。但我们必须要探明叛军的兵力情况，以便向将军报告。"

乌获稍作思考，回答道："拦截我们的叛军有千余人，但守关的敌军数量肯定更多。只有突破关隘，我们才能弄清楚具体情况。我们可以发起一次突袭，掩护几个人上去查看叛军的营帐，从而推断出他们的大致兵力。"

第三章 小试牛刀

白起点头表示同意,并说:"那就让全体锐士进行突击,你我各带10人从两侧突破。"随着他的一声令下,200名精锐士兵如同猛兽般出击,司马梗更是冲锋在前,直奔一队叛军。

然而,叛军如潮水般不断涌出,迅速将突击的锐士三面围住。白起带领10人从一侧冲上去,只见叛军的营帐从后坡一直延伸至葭萌邑城,向西望去则是一片茫茫,只能看到牛头山上有战旗飘动。由于无法继续深入探查,白起果断下令突击的士兵迅速撤退。在这场激烈的交锋中,秦军锐士不幸伤亡了20余人。

甘茂和司马错所率领的大军已经在葭萌关外10里的地方安营扎寨,他们正在紧张地讨论攻破葭萌关的策略。司马错首先发言:"葭萌关地势险要,历来都是易守难攻之地。叛军只需几千兵力就能守住此关,足以阻挡我数万大军的进攻。如果不能迅速取胜,将会给我军带来巨大的伤亡。"

甘茂听后,眉头紧锁,沉思了一会儿后提出:"关隘之地确实不适合进行大规模的战斗,很难快速取胜。那么,我们是否可以尝试偷袭呢?"

司马错摇了摇头,分析道:"偷袭虽然是一个办法,但即便我们成功偷袭了葭萌关,后面也还有更加险峻的牛头山、天雄关等着我们。如果叛军的首领善于用兵,采取前后夹击的战术,我军就会陷入危险。"

就在两人讨论之际,白起和乌获匆匆赶回,报告了最新的敌情。甘茂得知叛军兵力不少于两万,心中不禁感到沉重。司马错也感到意外,他没想到叛军竟然会动用全国的兵力来守关,

041

看来叛首陈庄必定亲自督战。

司马错沉思了片刻，眼中闪过一丝决绝之色，说道："擒贼先擒王，如果我们能先杀掉陈庄，叛军自然就不会再顽抗了。"

然而，甘茂忧心忡忡地说道："可是，如何才能擒住陈庄呢？如果我们攻势太猛，他势必会向西撤往蜀都。而一路上关隘重重，我们何时才能捉住他呢？"

司马错听后，微微一笑，自信地说道："陈庄不太可能西逃蜀都。西边包括蜀都在内，都是百濮之地。如果那些大氏族知道因为陈庄的叛乱而引来战火，极有可能会联手杀了他，他哪里还能找到后援？如果他败逃，多半是往南逃，经阆苑前往江州。而他在江州若扛不住，可能会向楚国求助，那就更麻烦了。因此，我们必须设法在战场上擒住他，才能彻底瓦解叛军的斗志。"

白起在两位将军的疑虑中提出了自己的策略："两位将军，我认为夜袭可能是我们的可行之策。"

甘茂摇头表示担忧："突袭的方案之前已经被否决了。因为即便突袭成功，我们也将面临两种不利的局面：一是可能遭到葭萌关、天雄关的叛军夹击，被迫撤退；二是即便我们强行突破，也会付出巨大的代价，而陈庄则有足够的时间撤离。"

白起闻言，连忙解释道："左庶长大人，我所说的夜袭，并非直接攻击葭萌关，而是针对牛头山、天雄关进行。"

司马错听后，眼前一亮，笑道："这真是一个大胆的设想！天雄关四周群山环抱，山势险峻，你可知要从江岸攀岩才能绕过？这可不是一般士兵能够做到的。"

第三章 小试牛刀

白起却充满信心地回应:"我们是秦军的精锐之士,无论面临怎样的艰难险阻,我们都有信心战胜!"

司马错与甘茂听后,觉得此计虽然冒险,但值得一试。于是,他们任命白起为旅帅,率领数百精锐士兵,于当夜丑时出发,攀越牛头山。寅时以火箭为信号,突袭天雄关;同时,大军主力在正面进行佯攻,以吸引叛军的注意力。一旦突袭天雄关成功,白起等人便迅速转向南,切断陈庄在阆苑方向的退路。

这个计划需要精确的协调和勇敢的执行,但若能成功,将对叛军造成重大打击,同时也能为秦军打开一条通往胜利的道路。白起和他的士兵们将面临艰巨的挑战,他们的勇敢和决心可能会成为这场战役的关键。

在夜色的掩护下,白起和他的精锐士兵们在星光的指引下迅速向巴子梁进发。巴子梁的形状宛如一头俯首饮水的牯牛,从江岸的峭壁攀爬上去就能到达牛头山的顶部。白起一声令下,乌获带领一队士兵率先开始攀岩。白起也带领另一队士兵,开辟另一条攀登路径。他手持一把斫山斧,遇到岩石缝隙便挥斧砍伐,几下就能踏出立足之地。

不到1个时辰,数十丈高的峭壁就被这两位勇士征服。他们垂下绳索,其余的精锐士兵分两路攀登,全部成功地爬上了牛头山。随后,白起与一名猎手出身的士兵同时射出两箭,将前哨的叛军射杀。白起细数营帐和隐约可见的战旗,判断守军大约有1000人。他命令4个卒长各自带领队伍包围敌营,准备突击,并命信号兵射出火箭作为信号。

顷刻间，远处传来阵阵喊杀声。白起立刻下令全体出击，士兵们从暗处冲出，杀向还在睡梦中的叛军。白起一边砍杀一边高呼："杀！不许留活口！"

牛头山上的战斗迅速结束。白起下令烧毁叛军营帐，然后整队下山，绕到葭萌关南侧，切断了唯一一条通往阆苑的道路。

次日卯时，白起发出三支响箭作为信号。甘茂立刻命令主力部队发起正面强攻。陈庄见秦军动真格了，连忙命令主力坚守关隘，他自己则带着数百亲兵准备逃往江州。然而，他万万没有想到，白起早已在半路上等候多时。眼看难以逃脱，陈庄只得选择投降。

甘茂没有费多大劲就攻占了葭萌关。叛军伤亡数百人，另有万余人投降。陈庄被白起押解过来后，甘茂当着所有降卒的面，历数陈庄的罪状，然后亲自将他斩杀。

之后，甘茂派遣蜀国的内应带出两队人马：一队向西前往蜀都，与蜀守张若取得联系，并传达秦王的命令，安抚巴蜀官民；另一队向南前往江州，宣读秦王的谕令，同样安抚巴蜀官民。通过这一系列的行动，秦军不仅在军事上取得了胜利，也在政治上稳固了对巴蜀地区的控制。

组建"铁鹰锐士"

秦武王在咸阳的校场上，身穿象征权力的黑色朝服，头戴琉璃珠王冠，显得庄重而威严。在众人参拜之后，他宣读了嘉奖令，对平定叛乱有功的将士们进行了慷慨的表彰。所有参与

第三章 小试牛刀

平乱的将士都根据功绩获得了相应的爵位，已经拥有军功爵位的人则晋升一级。表现突出的乌获和白起被特别晋爵三级，提升为不更之爵。而主将甘茂与副将司马错则获得了黄金20斤、绢帛百匹的奖赏，鉴于他们已有的高爵，不再晋爵。

嘉奖令宣读完毕后，校场上的将士们群情激昂，欢呼声震天动地。待众人散去，秦武王单独召见了司马错，询问他关于组建虎贲武士营的良策。

司马错明白秦武王组建这支特别卫队的目的是展示秦国的威严。但他也意识到，依赖禁军卫队并非长久之计，于是他谨慎地反问秦武王打算为虎贲武士营预备多少人。

秦武王坚定地表示至少需要1000人，目前已有300余人，询问司马错是否有合适的人选推荐，不必局限于军队内部。

司马错回想起先王的嘱托，要他悉心培养锐士。在此次平叛中，他亲眼见证了锐士们的英勇无畏。他特别提到了乌获，这位卒长不仅膂力过人，而且头脑灵活。司马错愿意将乌获及其所率领的百人举荐给秦武王，以充实虎贲武士营的力量。

秦武王听后，对司马错的推荐表示满意，认为这些锐士正是他所需要的。他赞赏司马错的眼光和对锐士的培养，决定采纳他的建议，将这些锐士纳入虎贲武士营，以增强秦国的军事力量和威慑力。同时，秦武王也意识到，真正的国家威严不仅来自于军队的强大，还需要内政的稳固和百姓的安居乐业。因此，他决定在加强军事力量的同时，注重国家的内政建设，以实现国家的长治久安。

秦武王对白起的军事才能十分赏识，但白起两次婉拒了他的邀请，这让秦武王感到困惑。他不明白为什么司马错没有推荐白起，于是将乌获和白起比较起来询问司马错。

司马错回答说他们各有所长，难以比较。秦武王对此表示怀疑，他想要亲自考验乌获，并且询问是否有比他们更厉害的人物。

司马错见秦武王对锐士如此感兴趣，便提出了自己的计划：从步卒锐士中挑选精英，专项训练骑兵，作为秦武王东进的先锋。秦武王对此表示赞赏，并允许司马错放手去做，只有一个要求：无论遇到多强的敌手，战则必胜。

在接下来的半年多时间里，白起全身心地投入到骑射训练中，不断磨砺自己的技艺。司马错则着手打造一支名为"铁鹰锐士"的精锐部队，目标是超越其他国家的精锐部队。白起有望成为这支部队的副指挥，因此他所承受的训练强度远超常人。

与此同时，乌获和司马梗等200名勇士被秦武王亲自选中，进入了虎贲武士营。赵镛也荣幸地成为虎贲营的教官。这一系列的人事变动，让白起心中有些失落。然而，幸运的是，在这关键时刻，司马靳加入了锐士的行列，为白起带来了熟悉的气息和新的动力。

这一系列动作，不仅展示了秦武王对军事人才的重视，也体现了秦国在军事改革和精锐部队建设上的雄心。白起、乌获、司马梗、赵镛等人的加入，无疑为秦国的军事力量注入了新的活力，为秦国的东进战略打下了坚实的基础。

第三章 小试牛刀

司马错的"铁鹰锐士"计划确实是一个极具挑战性的项目,它要求队员们在步战和骑战两个方面都达到极高的水平。这样的高标准对队员们的体能、技巧和战术理解能力都提出了极大的考验。白起,作为准部队副指挥,深知自己肩上的责任,因此他投入了更多的时间和精力在训练上,力求在各方面达到最佳状态。

尽管乌获、司马梗等人的离开和赵镛成为虎贲营教官的消息让白起感到失落,但他并没有因此而气馁。他将这些变化视为自己成长和提升的机会,更加坚定了自己的决心,要在训练中不断突破自我、追求卓越的决心。

司马靳的加入为白起带来了新的活力和动力。共同的目标和梦想让他们在训练中互相支持,互相激励。他们知道,只有通过不懈的努力和严格的训练才能达到"铁鹰锐士"的要求,成为秦国军队中的精英。

在这样的训练环境中,白起和司马靳以及其他锐士们,将不断挑战自己的极限,学习新的战术和技能,提高自己的战斗能力。他们的目标是成为一支在战场上无所畏惧、无坚不摧的力量,为秦国的荣耀和胜利贡献自己的力量。

随着时间的推移,这些锐士们将逐渐成长为秦国军队中的中坚力量,他们的努力和成就将为秦国的军事历史增添光辉的一页。而白起,作为其中的一员,也将继续他的军事生涯,在未来的战场上展现出自己的才华和勇气。

张仪以其卓越的外交手腕和智谋,在魏国政坛再次获得了魏襄王的信任，并被任命为魏相。这一消息传到齐国后，齐宣王的反应正如张仪所预料的那样，非常不悦。齐宣王对张仪有着深刻的敌意，并且担心张仪会再次运用其"连横"的外交策略，因此决定采取军事行动，出兵攻打魏国。

面对这一紧急情况，魏襄王迅速召见了张仪，共同商讨对策。张仪对魏襄王表示，大王无须过于担忧，因为他已经有了应对之策。魏襄王对张仪的能力十分了解，看到他如此镇定自若，心中的不安也随之消散。

张仪随后派遣他的得力助手冯喜前往齐国，执行游说任务。冯喜向齐宣王指出，尽管大王对张仪怀有敌意，但如果在此时攻打魏国，反而会落入张仪设下的陷阱。冯喜进一步阐释说，张仪之所以离开秦国来到魏国，实际上是为了激起齐国和魏国之间的冲突，这样秦国就能从中渔利。

齐宣王听了冯喜的话后，意识到了自己的决策可能会带来的后果，于是立刻下令撤回军队。张仪的智谋再次得到了展现，他的策略不仅成功地保护了魏国免受齐国的攻击，也进一步巩固了他在魏国的地位。

通过这一事件，张仪展现了他作为一位卓越外交家的能力，不仅能够洞察局势，还能巧妙地运用策略，化解危机，维护国家的和平与稳定。同时，这也体现了战国时期外交斗争的复杂性和策略性，以及个人智慧在其中所发挥的关键作用。

张仪在魏国的成就确实让秦武王感到惊叹，他认识到张仪的策略和智慧对于国家的影响力。尽管秦武王对张仪个人没有特别的偏爱，但他对张仪为秦国制定的战略方针十分认同。在回忆起张仪对秦国的贡献后，秦武王甚至考虑将他重新召回秦国。因此，他召集了颜率、樗里疾、司马错、魏冉等重臣，共同讨论这个问题。

颜率首先表达了自己的观点，他认为东进中原是大势所趋，并不只是张仪个人的独到见解。他质疑为何只有张仪能够胜任这一任务，表现出对张仪的不服。

樗里疾则提出了一个更为谨慎的策略，他认为秦国应该利用诸侯国正在观望和犹豫的时机，加强国内的民生和军备，全面提升国家的实力，而不是急于东进。

魏冉也分享了他的观点，他认为在强国如林的局势下，秦国应该采取稳健的策略，逐步蚕食周边地区，而不是急于一举统一天下。

秦武王听到这些意见后感到不悦，他注意到司马错一直在沉默，于是询问他的看法。司马错回答说"铁鹰锐士"至少还需要1年的训练才能为东征做好准备，他暗示秦武王过于急功近利，但并未直接表达自己的立场。

秦武王在听取了所有意见后，决定暂时搁置东征的计划。不幸的是，第二年张仪在魏国去世，秦武王对此深感痛惜。随后，他进行了官职改革，设置了左、右丞相，任命樗里疾为右丞相、甘茂为左丞相，魏冉以客卿身份辅政，司马错负责军事，公子壮负责都城守卫。此外，秦武王还将乌达地区划归义渠戎国，加强对义渠的军事和政治影响力，并向蜀国派遣官员治理地方，进一步巩固了秦国的统治。

这一系列举措显示了秦武王在战略上的灵活性和对国家长远利益的考虑。他虽然对张仪的才能非常赞赏，但也认识到国家的稳定和强大不能仅仅依赖于一个人，而是需要整体的规划和多方面的努力。通过这些改革和政策，秦武王为秦国的未来发展奠定了坚实的基础。

武王东征计划

经过1年的漫长等待，秦武王三年（前308），秦武王急切地召见甘茂进宫，商讨东征的计划。他满怀希望地对甘茂说："我梦想能够乘坐华丽的车驾，穿越三川郡的秀美山川，亲眼看到周天子的辉煌都城。若能实现这个愿望，即使生命终结，我亦无憾。"

甘茂，这位虽然只拥有左庶长军功爵，但实际上行使着丞相权力的大臣，他的官途可谓一帆风顺。然而，作为外来的顾问，他始终保持谨慎和低调。在进宫前，他已经预料到秦武王将要讨论的话题，因此他镇定地回应道："如果大王真的有如此宏伟的志向，为什么不邀请魏国一起出兵攻打韩国呢？"

秦武王听到这个建议，眼中露出惊喜之色，笑着说："难道你已经成竹在胸？我允许你作为使者前往魏国和赵国，共同策划大计。"甘茂没有直接回应，而是建议："我们可以邀请魏国和赵国一起攻击韩国，请官大夫向寿与我一同前往，以加强我们的联盟。"

第三章 小试牛刀

秦武王听后，立刻同意了甘茂的提议。于是，甘茂和向寿带领着一百多名随从，声势浩大地前往魏国的首都大梁，开始了这场对秦国未来至关重要的东征策划。

魏襄王得知秦国使者的到来，第二天就隆重地接见了他们。在一番充满激情和极具说服力的演讲后，甘茂成功地说服魏襄王同意与秦国合作，共同对韩国发起攻击。会谈结束后，甘茂回到住处，立即与向寿进行了秘密讨论："你立即回国，向大王报告，魏王已经同意联手攻击韩国。但最重要的是，请大王暂时不要出兵。"

向寿听后，脸上露出疑惑，问道："丞相为何这么说？为什么要让大王暂时不采取行动呢？"

甘茂冷静地解释道："我在魏国还有一些重要的事情没有完成，你只需按照我的指示，如实向大王报告。"

于是，向寿先行回国，将甘茂的指示完整地传达给了秦武王。秦武王听后，感到困惑和不快，问道："为什么要暂时不出兵呢？"

当甘茂从魏国归来时，秦武王亲自到息壤迎接他，并急切地询问："既然丞相已决定攻打韩国，魏国也同意了，为何又建议我暂时不要出兵呢？"

甘茂平静地回答："在前往大梁之前，我极力推荐大王攻打韩国。但在大王同意出兵后，我发现宜阳周围已经被强敌包围。宜阳不仅是一个大县，而且积累了上党（治今山西长治市北）和南阳（今河南济源市至获嘉一带）的财富，其重要性不亚于一个郡。如果大王要远离要塞，长途跋涉去攻击，那么胜利的道路将充满挑战和困难。"

甘茂以一种镇定而有力的语气继续说："过去，在费邑，有一位名叫曾参的孝子。一天，一个与曾参同名的人在鲁国犯了杀人罪，消息传到曾参的母亲那里，说她的儿子杀了人。当时，曾母正在织布，听到这个消息，她依然保持冷静，没有受到影响。不久，第二个人来报告同样的事情，曾母仍然保持镇定，继续织布。但是，当第三个人匆匆来重复那个令人震惊的消息时，曾母突然扔下梭子，翻墙逃跑。为什么会这样？尽管曾参很贤明，他的母亲也非常信任他，但是三人成虎，最终让母亲产生了怀疑。

"现在，我的才能虽然不及曾参，大王对我的信任也比不上曾母对曾参的信任。但是，对我有疑虑的人何止三个？我担心大王也会像曾母一样，因为众人的议论而产生退缩，抛弃我。

"回想过去，张仪向西扩张，吞并了巴蜀，北上西河，南下上庸（今湖北竹山西南），功绩显赫，但人们都称赞先王的智慧，而不是张仪的能力。又比如魏文侯派乐羊攻打中山，经过3年的艰苦战斗才取得胜利。乐羊回来请求奖赏，文侯却给他看了一箱诽谤信，乐羊看到后，非常害怕，连连磕头，立马说自己没有功劳，全靠君主的威望。

"而今日，我作为一个外来的臣子，深知樗里疾和公孙奭（亦作公孙郝）会以韩国的强大为理由，力劝大王不要攻击。如果大王听从他们的话，那么就是大王欺骗魏王，我也会招致韩相公仲侈的怨恨。因此，我才大胆建议大王暂时不要出兵，不要轻易攻打韩国。"

秦武王听完甘茂的话后，表情变得非常严肃，他坚定地说："我向你发誓，如果不攻下宜阳，我绝不会撤军！"这句话充分显示了他的决心和坚强意志。

甘茂看到秦武王如此果断，心中充满了深深的感动。他明白，这不仅是对他的信任，也是对国家大业的坚定承诺。因此，甘茂决定亲自领军出征，带领大军东征，用实际行动回应秦武王的信任和期望。

息壤在彼

"息壤在彼"是指在息壤这个地方订立的誓约仍然算数，多用作信誓的代称，意在教人遵守信约，不要违背誓言。其中，"息壤"是一个具有特殊含义的地名，它既是战国时代秦国的一个邑名，也象征着一种永不耗减、生生不息的力量或信念。

训练完毕的那天，白起正专注地分析赵国"胡刀骑士"的刀法和自己剑法的长短，突然听说甘茂即将集结军队。这时，司马靳兴奋地掀开帐篷门帘，冲了进来，脸上洋溢着喜色："告诉大家一个喜讯，据可靠消息，大王已经和左丞相立下誓言，决心东征韩国，不拿下宜阳决不撤军！"白起听后，一时间有些发愣，不解地问："这可是军事机密，你怎么知道？"

司马靳轻松地笑了笑，回答说："这哪里算秘密，连我这样的小角色都知道，赵国和韩国的民众也早就传开了。公孙兄，这次我一定要一战成名,连升三级!"白起听了,还是不太明白秦王为何要如此公开地展示军事意图。

时间来到秦武王三年(前308)初夏,秦武王在咸阳郊外举行了一场隆重的郊祀。第二天,他就向甘茂发出了明确的指令:"一定要攻下宜阳,打通通往川道的路线,五月前要进军洛阳!"

接到指令后,甘茂迅速组织了步兵、战车兵、骑兵以及数万名精锐的虎贲军,开始了声势浩大的东征。

司马靳满怀期待地盼望着出征,却意外地发现自己的名字并未出现在出征名单上,心中不免涌起一股强烈的失落感。白起注意到了司马靳的失落,便出言安慰他:"不要过于焦虑,时机终将降临。"

沮丧的司马靳反问:"大军已经启程,我的机会又在何方?"白起则平静地回答:"耐心等待,利用这段时间,你正好可以进一步磨炼你的'回戈一击'技巧。"通过这种方式,白起不仅安慰了司马靳,还巧妙地引导他将注意力转移到提升个人技能上。

甘茂率领的军队刚刚踏上征途,韩襄王的宫廷就接到了来自宜阳的急报。尽管韩襄王对秦国的军事行动有所预料,但当战报真正到来时,他还是显得有些手足无措。在紧张的气氛中,他迅速地召集了朝中的大臣们,共同商讨对策。

在这个紧要关头,相国公仲侈站了出来,他冷静地分析了形势:"宜阳地势险要,西边有崤山和函谷关等天然屏障,东南则有伊阙(今河南洛阳市南)深谷作为防御。暴鸢将军指挥的守军,依靠这些地理优势,至少能坚守2个月。我愿意亲自

第三章 小试牛刀

带领军队前往宜阳附近驻扎，以便随时提供支援。为了确保安全，大王可以写一封信，请求楚王派兵援助，共同应对秦国的攻击。"

韩襄王听后，立刻采取了行动。他一方面增派兵力前往宜阳，由公仲侈亲自指挥；另一方面，派遣使者前往楚国请求援助。楚怀王在权衡利弊后，决定派遣柱国景翠带领军队前去支援。然而，景翠有自己的打算，他并没有真心想要帮助韩国，而是将军队驻扎在楚韩边界，准备观望形势，从中谋取利益。

与此同时，周天子周赧王也感到了深深的忧虑。他询问大臣赵累："赵卿，秦国出兵攻打宜阳，你认为结果会如何？"

赵累坚定地回答："秦国一定会攻下宜阳，然后撤军。"

周赧王对此感到疑惑，他说："宜阳地势险峻，兵力充足，粮草丰富，应该能坚守两三年。而且楚国的景翠将军也在附近准备援助，我不觉得秦国能够轻易攻下宜阳。"

赵累耐心地解释："秦王这次派出的将领是甘茂，他虽然是秦国的客卿，但地位显赫，担任左丞相，并带领秦王的亲兵出征。如果他能攻下宜阳，他在秦国的地位将无人能及；如果他失败，他将失去一切。此外，秦王希望通过这场战争在诸侯中树立威信，如果失败，秦王将受到天下的嘲笑。因此，我相信宜阳一定会被攻下。"

周赧王听后，更加焦虑。他急忙派遣使者前往楚国和齐国，寻求更多的支持和援助。

宜阳之战的确异常艰苦，甘茂领导的秦军在5个月的激烈战斗中仍未能攻克这座坚固的城池。消息传回咸阳，秦武王对此感到非常不满。就在这时，樗里疾和公孙奭抓住机会，提出了反对意见。于是，秦武王下令甘茂撤军。

然而，在宜阳前线，甘茂正与向寿、乌获、左成等将领全力以赴地围攻城池。突然，一位使者带着秦王的密信匆匆赶到。信中写道："丞相远征伐韩，辛苦备至。如今军队被困宜阳，五个月未克，足见其难。寡人考虑到丞相与秦军征战已久，疲惫不堪，不宜久战，请速退兵。"面对这突如其来的撤军令，甘茂沉思片刻，随即亲笔给秦武王写了一封回信，交由使者带回咸阳。回信简短而有力，仅四字："息壤在彼。"

秦武王阅信后，立刻召集大臣们商议破敌之策。樗里疾首先发言："韩国宜阳城高墙厚，物资充裕，易守难攻。即使我们劳师动众，也很难将其攻破。如果楚将景翠再趁机出击，秦军就危险了。"秦武王听后，沉默不语。

这时，大夫冯章也站了出来，附和樗里疾的观点："右丞相说得对。如果韩、楚两国联手，趁我军疲惫之时发起进攻，那么我国的边境就危险了。不如大王许诺将汉中郡割让给楚国，让楚国退兵。这样，韩国必然被孤立，我军的胜算也就大了。"

秦武王经过深思熟虑，最终决定采纳冯章的建议。他派遣冯章出使楚国，向楚怀王许诺割让汉中之地。同时，派樗里疾率兵增援甘茂，力求速战速决；又封蜀侯公子通之子公子恽为新的蜀侯，由司马错率领巴蜀联军，监视楚军动向，伺机而动。这一系列举措，无疑为秦军接下来的战斗注入了新的活力。通过这些精心策划的策略，秦武王展现了他的决心和智慧，为秦军的胜利奠定了基础。

取韩国宜阳

樗里疾曾经主张在适当的时机再向东方发起攻势，但秦武王的决心坚定，坚持履行息壤之盟的承诺。面对君王的坚决意志，樗里疾只得遵从命令，开始调动兵力，准备战斗。

在这个时候，白起已经晋升为二五百主（类似团长），他带领着千余名精锐的铁鹰战士，如同一把锋利的剑，勇往直前地走在大军的前头。司马靳看着白起那英勇的身影，不禁发出赞叹，并半开玩笑地说："公孙兄今日真是英姿飒爽，不知道我何时才能像你一样成为威震四方的右更大将军呢？"

白起听到司马靳的话，微微转头看了他一眼，用一种沉稳而严肃的语气回答："在行军途中，我们必须保持严格的纪律，不宜多言。"说完，他似乎意识到自己的语气可能过于严厉，于是又温和地补充道："战场上的生死难以预料，胜败往往也受到命运的影响。我们还是应该集中精力，全力以赴，以确保万无一失。"

司马靳听了白起的话，心中感到一丝震撼，意识到了战场的严肃和残酷，于是他收起了轻松的态度，专心致志地准备即将到来的战斗。

在樗里疾和公孙奭的精心指挥下，秦军如同一股汹涌澎湃的洪流，经过10天的急行军，终于到达了战略要地——宜阳城郊。在这场战役的先锋队列中，白起凭借其卓越的军事才能，已经随着先头部队率先到达城下，拉开了攻城的序幕。

面对秦军的猛烈攻势，守城主将暴鸢表现出了非凡的应对能力。他迅速下达命令，要求弓箭手增加射击的密度和精确度，同时，投石机也做好了准备，力图对秦军造成致命打击。一时间，秦军遭受了重大损失，战况异常惨烈。

在这关键时刻，甘茂挺身而出，下达了一项关键命令："传我令，抛石器需再向前推进五丈，云梯置于中央，四周士兵手持盾牌，紧密护卫云梯，全速前进！"然而，一位谋士提出了担忧："上将军，如果抛石器再靠近，恐怕会暴露在韩军弓箭的射程之内，甚至可能被城上滚石摧毁。"

面对谋士的忧虑，甘茂展现出了坚定的决心。他深知，在援军到来之前，这是攻破城池的最后机会。他果断地说："如果抛石器无法对城墙上的韩军强弩车造成有效打击，也无法摧毁城墙，那么它的存在就失去了意义。现在，我们只有全力以赴，或许才能取得突破。"

于是，秦军将士们毫不犹豫地冒着密集的箭雨，勇往直前。在他们的顽强拼搏下，抛石器终于开始对城墙上的韩军造成重创，而云梯也成功地架在了宜阳城的城墙上。秦军士兵们奋不顾身、争先恐后地攀爬，尽管城墙上的石块如雨点般滚落，给秦军造成了重大伤亡，但他们依然坚守阵地，誓死不退。

白起站在高处远眺，看到一队雄壮的人马扬起尘土，帅旗上"嬴"字醒目，他心中振奋，立刻策马飞奔，兴奋地高呼："大秦的援军，已经到达！"甘茂听到呼声，回身望去，只见

第三章 小试牛刀

"铁鹰锐士"如同乌云一般聚集在城下。此刻,他面临着两个重大的抉择:一是趁援军尚未全面投入战斗之前,继续率领部队全力攻城,若能一举成功,则攻城之功将完全归他所有;但如果仍旧无法攻克,他将不得不为惨重的伤亡承担责任。二是选择暂时撤退,保存实力。经过深思熟虑,甘茂最终决定收兵,以确保安全。

随后,甘茂亲自迎接樗里疾和公孙奭进入中军大营,共同商讨破城之策。尽管樗里疾军功显赫,作战经验丰富,但他谦逊地将主导权交给了甘茂。甘茂首先详细汇报了6个多月来的战况,深入分析了宜阳久攻不下的原因。他指出,尽管宜阳守军数量有限,但守将暴鸢依靠险要的地势,顽强地坚守城池。秦军虽然尝试了各种攻城方式,但都未能成功,反而造成了重大伤亡。同时,韩襄王担心秦军长时间围攻宜阳不退,便派遣相国公仲侈率领援军前来增援,使得守城兵力与秦军相当,攻城难度进一步增加。

在接下来的讨论中,众将领各抒己见,提出了不同的策略。有人主张集中全部兵力,迅速攻下宜阳,尽管这将付出巨大代价,但在无法引诱敌军出城迎战的情况下,似乎没有其他选择;有人提议挖掘地道,潜入城内进行攻击,但地道的入口至少需离城墙30丈远,穿越城墙入城的距离也不会少于20丈,总长超过50丈,不仅耗时费力,而且一旦被发现,便会前功尽弃;还有人建议一边围城一边分兵去拦截韩国的援军,但分兵之后,攻城兵力将更加不足,甚至可能遭到韩军的两面夹击,更何况还有数万楚军在伺机而动。一时间，众说纷纭，难以达成共识。

在这种情况下，甘茂和樗里疾需要仔细权衡各种方案的利弊，结合当前的战况和资源，制定出一个既能减少己方伤亡，又能提高攻城成功率的策略。这需要他们具备高超的战略眼光和决策能力以及对敌我双方情况的深刻理解。

夜幕降临，白起静静地站在营帐前，目光穿过夜色，落在远处朦胧的宜阳城上。空气中似乎还残留着战斗的痕迹。他沉思着，心中自问自答，突然，一个想法如闪电般划过他的脑海。他立刻转身，大步走向甘茂的大帐。

甘茂这段时间以来一直为战事焦虑，面容显得十分憔悴，夜晚更是难以入睡。这时，一名士兵进来通报，说白起请求见他。白起进入大帐，行礼后，以一种既不卑躬屈膝也不傲慢的态度，沉稳地说："自商君变法以来，大秦军队战无不胜，攻无不克，这是因为我们上下一心，将士们能够畅所欲言，朝廷才能运筹帷幄，决胜千里。在我看来，此次东征的目标不仅仅是宜阳这一座城池。如果我们太过执着于攻下这座坚城，大军可能会陷入困境，难以自拔。"

甘茂听后，眉头紧锁，不解地问："军中无戏言，你这话是什么意思？"

白起不慌不忙，从容地解释："大秦的精锐之师久攻宜阳不下，并不是因为将士们不善战或不勇猛，而是因为上将军您过于看重一城一池的得失。韩王知道您对宜阳志在必得，因此倾全国之力固守此城。韩军占据地利人和，即使上将军最终能够攻破宜

第三章　小试牛刀

阳,也必然损失惨重,得不偿失。我斗胆建议,不如让大军佯攻韩都新郑,届时,我不相信韩军还能坚守宜阳,不出战迎敌!"

甘茂听完白起的建议,心中暗自思量,觉得这个计策或许值得一试。他知道,战争不仅是武力的较量,更是智慧和策略的比拼。白起的提议,可能是打破僵局的关键。

在黎明的曙光中,甘茂召集了他的军队,强调了军事战略的重要性,并表达了攻占宜阳的坚定意志。他坚定地说:"我们已经对宜阳进行了长达5个月的围攻,但仍未取得决定性的胜利,这让我们无法面对秦国的百姓。今天,我们要么攻破宜阳,共同庆祝胜利;要么并肩战斗直到最后一刻,祈求天意的眷顾。"

士兵们被他的话所鼓舞,纷纷表示愿意与甘茂一起面对国家的危机。然而,甘茂做出了一个令人惊讶的决定:他只留下一小部分兵力继续围攻宜阳,而将大部分兵力分成两支大军,向东行进,准备迎战由韩襄王派遣、公叔婴指挥的韩军。

白起指挥着一支由精锐士兵组成的先锋部队,乌获带领着一支强大的武士队伍,雷河则指挥着一支骑兵队。他们突袭了敌军的营地,然后迅速移动到敌军后方,切断了韩军的退路,与主力部队协同作战,形成了对韩军的全面包围。

公叔婴未曾预料到秦军会在此处设伏,他迅速组织了反击。然而,他更加震惊地发现,秦军不单是拦截,而是以主力部队对他发起了围攻。当他意识到这一点时,秦军的包围圈已经形成。公叔婴愤怒地指责秦军背信弃义,一边努力突破重围,一边派遣信使前往宜阳城请求援助。

此时，韩国的丞相公仲侈正在宜阳监督战事，听到消息后大为震惊，同时也觉得这一情况颇具讽刺意味：公叔婴原本是来支援宜阳的，现在却反而需要宜阳的援助。公仲侈本不愿意出城援助，但考虑到公叔婴所率领的精兵几乎占韩国总兵力的三分之一，他觉得不能袖手旁观。于是，他从城中调集了数万士兵，亲自率领军队前去支援公叔婴。

然而，公仲侈刚出城不久，就接到了公叔婴军队溃败的消息。公仲侈权衡形势后，决定立即返回城中，以防宜阳失守。但他刚改变行军方向，就遭遇了秦军骑兵的拦截。由于无法迅速突破秦军的防线，公仲侈只能无奈地望着宜阳城，命令韩军绕过宜阳城向北撤退。

宜阳城内的守军得知公叔婴的援军被歼灭，再加上丞相公仲侈带领主力出城后音信全无，军心立刻动摇。守将暴鸢也失去了守城的信心，决定在夜间带领部队悄悄撤离。不料在黑暗中遭遇了围城的秦军，双方爆发了一场混战。最终，暴鸢的部队遭受了重大损失，宜阳城也被秦军攻陷。

随后，甘茂整理了军队，向北追击公仲侈的主力部队。公仲侈意识到形势危急，转而向东逃往都城新郑。甘茂率领部队渡过黄河后，与魏军协同作战，于次年初成功占领了韩国的武遂（今山西临汾市西南，一说当在今山西垣曲东南）。

第四章 风起云涌

问鼎中原

当韩襄王得知宜阳城的陷落和武遂邑的失守，他的脸色瞬间变得苍白，心中充满了对秦军可能继续进攻都城新郑的恐惧。在极度焦虑中，他迅速向丞相公仲侈寻求应对之策。

刚刚逃回都城的公仲侈，带着羞愧的神色，一时间也感到无计可施。他沉重地向韩襄王建议："臣认为，目前我们唯一的出路是向秦国求和。"但他们并不知道甘茂并没有进一步东进的计划。

韩襄王想到自己不仅损失了大量兵力，还失去了2座重要的城池，现在甚至不得不向秦国低头求和，这让他心中充满了屈辱和不甘。然而，在经过深思熟虑之后，他意识到自己别无选择，只能派遣公仲侈前往秦国进行和谈。

秦武王攻打宜阳的初衷，主要是为了打通通往中原的通道，并没有意图彻底消灭韩国。因此，当韩相公仲侈主动提出求和时，秦武王自然愿意接受。

正当韩襄王派遣公仲侈前往秦国求和之际，楚怀王也派遣了使者景鲤来到秦国，要求秦武王履行冯章在出使楚国时所承诺的割让汉中之地的协议。秦武王故作惊讶地回应说："我派遣冯章出使楚国，只是为了加强秦、楚两国的友好关系，从未提

第四章　风起云涌

及割让土地之事。这难道是冯章模仿张仪的欺骗手段？我最厌恶张仪的行径，怎会容忍冯章效仿？等我询问冯章后再讨论此事。"

景鲤担心会重演张仪欺骗楚国的旧事，坚持要求对质。他坚定地表示："大王应立即传唤冯章前来，以便澄清事实。"秦武王无奈之下，只能命人召冯章入宫。

冯章被召入宫后，秦武王严厉地询问："楚国的令尹景鲤来要求割让汉中之地，你当初是如何承诺的？"冯章却装作若无其事地回答："大王可以严厉地惩罚我，但我仅是一名微不足道的大夫，哪有权力擅自决定割让汉中之地呢？"

景鲤听后感到非常无奈，急忙返回楚国，将出使秦国的情况如实报告给楚怀王。楚怀王听后愤怒地说："我曾被张仪欺骗，现在又被冯章欺骗，若不报复，我有何面目立足天地？"于是，他派遣使者前往韩国，希望联合韩国共同对抗秦国。

秦武王得知楚怀王的动向后，决定采取强硬态度，准备联合魏国对楚国采取军事行动。

面对可能的秦魏联军，楚怀王担心自己的计划不仅无法成功，反而会引起两国的联合反击。在仔细权衡了各种可能的后果后，楚怀王认为和平是最佳选择。因此，他再次派遣使者携带丰厚的礼物前往秦国，以维护秦楚之间的友好关系，并避免提及汉中土地的问题。

秦武王，这位以实力说话的君主，虽然无意中引发了冲突，却意外促使韩国和楚国主动寻求和平，这进一步坚定了他想要

065

展示实力的信念。在胜利的喜悦中,秦武王决定亲自带领秦国的精锐部队,前往洛邑,意图在周天子的城下展示自己的军事力量。太师颜率巧妙地建议:"大王可以借道宜阳,直达洛邑,这不仅是一次觐见周天子的机会,也是一览中原风光的良机。"

秦武王四年(前307)初夏,秦武王在任鄙、孟贲等亲信武士的严密保护下,带领着千余名随从和禁军,从咸阳城出发,踏上了前往洛邑觐见周天子的征途。

经过10多天的行进,秦武王的车队终于抵达了宜阳城外。甘茂和樗里疾率领着庞大的军队列阵整齐,恭敬地等候着,准备一睹周王室的威严。迎接的队伍延绵10余里,场面十分壮观。白起也在欢迎的队伍之中,他亲眼见到秦武王从装饰华丽的四马战车上缓缓走下,只见秦武王头戴光彩夺目的琉璃长冠,身穿深黑色的锦衣,身材高大,面容坚毅,眉宇间自然流露出一股不怒自威的王者之气。

宜阳之战是秦武王登基后取得的首个重要胜利,对他来说意义重大。占领宜阳后,秦武王对功臣进行了慷慨的赏赐。高级将领甘茂、樗里疾和公孙奭因功绩被提升一级,而年轻将领向寿、乌获、左成和白起则因显著的战功被提升三级。白起因此晋升为七等公大夫,正式成为"大夫"阶层的一员;方洛和司马靳等人也晋升为"士"。这些晋升举措体现了秦武王对年轻将领的重视和提拔。

司马靳对白起的连续三级晋升表示羡慕,他笑着说:"这已经是你第二次'三级跳'了。如果再有一次,你将成为军中最

第四章 风起云涌

年轻的将军。"

秦武王在宜阳检阅军队后,做出了战略部署。他命令甘茂带领主力部队返回秦国,以防范楚国可能的违约行为。同时,他派遣樗里疾率领百辆战车作为先锋部队前往东周的都城洛邑。

周赧王对樗里疾的到来给予了极高的礼遇,派遣亲兵迎接。这一行为引起了楚怀王的不满,他严厉批评周赧王破坏了礼乐制度,认为不应该对秦国这位未经邀请的客人如此尊敬。

在这一关键时刻,周王室的智囊游腾勇敢地站出来,为周赧王辩护:"过去智伯(另作知伯)攻打仇犹国时,曾赠送大车作为诱饵,让军队跟随其后,最终导致仇犹国的灭亡。仇犹国之所以失败,是因为智伯使其放松了警惕。现在秦国如同猛兽一般,派遣樗里疾带领百辆战车进入周国都城,其真实意图难以预料。周王派遣持长戟的士兵在前、佩强弓的军士在后,表面上似乎是保护樗里疾,实际上是在严密监视他,以防意外。作为周朝的君主,赧王怎能不关心周朝的存亡?如果周朝灭亡,也将给大王带来无尽的困扰。"楚怀王听了游腾的这番话后,怒气逐渐平息,转而感到欣慰。

几天后,秦武王亲自带领数千名士兵,以虎贲武士营为先锋,大规模地巡视中原地区。

周赧王得知秦武王将到洛邑拜访,心中既感到不安又充满期待,不确定这是好运还是灾难。为了表达诚意和敬意,他亲自带领群臣在城外迎接秦武王。秦武王看到周赧王如此热情地接待,也假装谦逊地向他表示感谢。两人互相客套一番后,共

067

同乘坐"天子驾六"进入了洛邑城。

在秦武王的面前,周赧王似乎失去了他往日的帝王威仪。他接连几天在宫中举办宴会,热情款待秦武王,并亲自陪同他参观洛邑的著名景点和历史遗迹。秦武王在宴会上尽情享用美食,同时也欣赏了洛邑独特的自然风光和文化景观,开阔了视野。然而,他的政治抱负也在此时急剧膨胀,他甚至提出想要亲眼观赏代表至高无上权力的九鼎,并试图测试它们的重量。

九鼎,作为国家社稷和政权的象征,自夏、商、周三代以来一直被视为国宝。它们最初由大禹用九州的贡金铸造,每个州都有一个鼎,上面刻有该州的名山大川、珍奇之物以及土地的贡赋。

秦武王得知九鼎被存放在周王室太庙的侧室后,便请求周赧王允许他前去观看。周赧王听到这个请求,脸色立刻变得庄重。他明白这些神圣的鼎不是随便可以展示的。但是,面对城外秦军的百乘战车和数千禁卫军以及城内千余名虎贲武士的威胁,他不敢拒绝。于是,他只能无奈地同意:"3天后,我们将在祭天时一同观鼎。"

3天的时间很快过去,秦武王在虎贲武士的护卫下,踏上了前往周王室太庙的旅程。在太庙内,九鼎庄严地排列着,其脚和耳部雕刻着生动的龙纹,精美绝伦,确实是世间罕见的珍宝。

尽管秦武王急切地想要看到九鼎,但他仍然尊重并参与了祭天的仪式。在向天地献上敬意后,他进入了周太庙,献上了香火和礼物,然后急切地走向九鼎。面对这些宝鼎,他激动地称赞道:"真是名副其实,妙哉,妙哉!"任鄙、乌获、孟贲等勇士也纷纷表示赞同,对九鼎的宏伟壮观表示惊叹,仿佛它们是坚不可摧的铁山。

这时,周王室的一位官员讲述了一个故事:"当年周平王东迁时,为了将九鼎迁移到洛邑,动用了数十万人力,历经艰难险阻。"

孟贲听后,轻蔑地指着龙文赤鼎说:"这太夸张了,我一人就能举起它。"

秦武王仔细观察雍州之鼎,对周围的勇士们说:"这个鼎,也可以看作秦国的鼎。我应该将它带回咸阳,以展示秦国的威严。"

周王室的官员们急忙劝阻,紧张地说:"这不可能!九鼎是代表着九州的和平与统一。如果移动一个鼎,就会破坏这种和谐。"

秦武王意识到自己的失言,微笑着表示歉意,并解释说:"实际上,我只是想知道雍鼎的重量。"

守护鼎的老吏解释说:"自从九鼎铸造以来,没有人敢称其重量,所以没有人知道它的确切重量。但有人私下估计,这个鼎大约有千钧重。"

秦武王听后,回头问身后的勇士们:"你们这些勇士,有人敢尝试举起这个鼎吗?"

任鄙回答说:"我只能举起百钧,这个鼎重千钧,别说举起,就是移动一下也是不可能的。"

乌获也摇头表示无法做到。只有孟贲显得跃跃欲试，充满信心。

秦武王看到孟贲的勇气，便说："孟贲，来吧，和我来一场举鼎比赛！"

"遵命，大王！"孟贲自信地站出来，说："我愿意尝试，如果失败，请大王不要责怪。"

秦武王命人拿来绳索，绑在鼎耳上。孟贲紧了紧腰带，卷起袖子，用双臂套入绳索，大喝一声："起！"龙文赤鼎被缓缓举起了几寸高。但孟贲用力过猛，眼睛几乎要瞪出来，血流不止，显然已经力竭。瞬间，鼎又重重地落回地面。在场的所有人都对孟贲的神力感到惊讶，同时也为他的勇气鼓掌。

秦武王放声大笑，称赞道："孟贲，你的力气确实不凡！先去休息一下，现在轮到我来试试。"

任鄙看到秦武王真的要亲自尝试举鼎时，他立刻上前，跪下恳求："陛下，您是国之君王，怎能与臣子比拼力气？这实在不妥！"樗里疾也上前劝告，但秦武王不为所动，他自信地回应："不必阻拦，我这次巡游洛邑，正是要向世人展示我的实力和风采！"

秦武王说完，毫不犹豫地脱下华丽的长袍，用宽腰带紧紧束腰，双手紧握绑在鼎上的绳索。他深吸一口气，用力大喝："起！"随即，他用尽全身力气，竟然使那沉重的宝鼎离地半尺多。

但是，当秦武王准备移动时，他的力气突然耗尽，龙文赤

第四章 风起云涌

鼎猛地落下，不幸砸中了他的右脚。只听到一声清脆的断裂声，他的小腿胫骨立刻折断。

秦武王痛得大叫："痛！太痛了……"随即昏迷过去。周围的人都惊慌失措，任鄙、乌获等勇士急忙上前救援，他们齐心协力将鼎移开。经过一番努力，秦武王终于苏醒。但他的腿伤严重，血流不止，众人急忙将他抬回住处，并迅速请来医生进行紧急救治。

不幸的是，由于伤势过于严重，秦武王在当夜因失血过多而去世，年仅23岁。这位年轻而充满活力、抱负远大的君主，仅仅在位4年，就因为一时的鲁莽行为而结束了自己的生命。他曾有言："我生于西戎之地，未曾目睹中原的繁荣，若能游览三川，探访巩洛，即便死去也无憾。"未料这句话竟一语成谶。

在秦武王生命的最后时刻，他将国政托付给了樗里疾。樗里疾意识到国内局势的不稳定，担心会有突发事件，因此决定不延迟，立刻返回秦国。

第二天清晨，周赧王得知秦武王因尝试举鼎而去世的消息，感到极度震惊，担心秦国会因此对周朝采取报复行动。于是，他迅速命令准备丰厚的礼物和庄重的棺木，送往秦武王的住处，以示哀悼之情。

樗里疾对周赧王的慰问表示感谢后，立即指示秦军整理行装，护送秦武王的遗体返回秦国。同时，他严肃地强调："关于大王去世的消息，绝不能泄露，违者将受到严惩！"

秦昭襄王登上历史舞台

在这个金秋时节，咸阳城上空似乎弥漫着一种不凡的气息，预示着即将来临的多事之秋。

葬礼之后，在这场暗流涌动的王位争夺战中，芈太妃敏锐地把握住了时机，她与同母异父的弟弟魏冉密谋，决定迎立在燕国做质子的长子嬴稷回国继承王位。然而，这一计划需要得到右丞相樗里疾的支持。在魏冉的游说下，樗里疾虽未明确表态，但已显露出默许之意。

于是，一场惊心动魄的迎立行动悄然展开。白起带领的"铁鹰锐士"队伍被赋予了特殊使命，他们乔装打扮，穿越风雪，历尽千辛万苦，终于将嬴稷从燕国接回。在这场与时间赛跑的较量中，白起等人的忠诚与智慧得到了充分的展现。

最终，在赵国代相赵固的护送下，公子稷顺利回到秦国，被正式迎立为秦昭襄王。芈八子也因此被尊为宣太后，主政秦国；魏冉则被任命为将军，负责辅政并卫戍咸阳城。这一系列的政治变动不仅彰显了秦国政治舞台的复杂多变，也预示着一个新的时代即将到来。

嬴稷被推上秦国的王位，宣太后并代其执掌朝政。然而，这对母子面临的，却是一个内外交困、风云变幻的复杂局势。

在秦武王驾崩之后，一场围绕着王位继承的暗流悄然涌动。秦惠文王王后与公子壮，对年幼的嬴稷登基以及芈八子从卑微的八等妃嫔一跃成为掌权太后心生强烈不满。他们密谋策划，

第四章　风起云涌

企图将公子壮推上王位，以夺回他们心中的"正统"。

芈八子，这位曾经的四等妃嫔，如今却凭借着儿子的登基，母凭子贵，不仅在朝堂上占据了举足轻重的地位，甚至开始亲自执掌政权。这样的转变，无疑让惠文王王后心生嫉恨，她无法容忍一个曾经在自己面前卑微如婢女的女人，如今竟然能与自己平起平坐，甚至凌驾于自己之上。

公子壮，虽然手握都城护卫的兵权，兵符在手，看似权势滔天，实际上却势单力薄，难以与朝堂上的其他势力抗衡。为了增强自己的实力，他开始与各大氏族结盟，拉拢权臣甘茂，企图通过他来获取更多的兵权。

然而，宣太后为了稳定朝局，宣布全国为武王守孝一年，免税役，这一举措赢得了民心。同时，她巧妙地派遣公子壮攻打卫国，名义上是让他建功立业，实则是想借此机会将他逐出朝堂，削弱他的势力。

公子壮在求助无门的情况下，幸得辩士胡衍相助，成功说动了樗里疾。然而，在朝堂之上，樗里疾的言行遭到了众人的怀疑，甘茂也选择了沉默不语。公子壮见势不妙，竟然擅自僭立为王，自称"季君"，企图以此来巩固自己的地位。

就在秦国内部斗争愈演愈烈的时候，楚怀王趁机攻打韩国的雍氏邑。无奈之下，韩国只好向秦国求助。甘茂力劝秦昭襄王出兵援救韩国，以白起为先锋，成功击退了楚军。然而，秦国的内斗并未因此平息，反而更加激烈。

右丞相樗里疾在外出时遭遇了死士刺杀，幸得侍从拼死相救才幸免于难。而这场刺杀的幕后黑手，竟然是受公子壮指使的甘茂的门客。秦昭襄王得知此事后大怒，下令捕捉公子壮及其党羽，双方之间的斗争进入了白热化阶段。

在这场风暴中，甘茂虽然未受牵连，却因为向寿、公孙奭等人的谗言而心生恐惧，最终选择了弃军逃亡。公子壮失去了甘茂的支持后，仍然不甘心失败，他召集了公子雍以及王族的贵戚，企图突袭咸阳宫。然而，他们的阴谋早已被秦昭襄王等人察觉，并制定了诱敌之计。在突袭当天，公子壮等人被埋伏的禁军和白起的"铁鹰锐士"击败，公子壮在骂声中力竭被擒。

秦昭王二年（前305）初夏，季君公子壮及其核心党羽被以谋逆罪诛杀，秦武王王后也被遣还魏国。"季君之乱"至此终于平息。这场内乱虽然结束了，但秦国内部权力斗争的激烈程度让人深感震惊。

在这场动荡中，赵国扮演了推波助澜的角色。赵武灵王深谙秦国王位之争的奥秘，他利用公子壮与公子稷之间的争夺，暗中算计以谋求利益。对赵国而言，秦国王位的悬而未决是一个威胁；而若送嬴稷归秦为王，使秦国迅速恢复强盛，则将对赵国构成更大的威胁。因此，赵武灵王一方面希望秦国继续内乱以削弱其实力；另一方面则希望在嬴稷坐稳王位后能让赵国获取好处。嬴稷继位后，赵武灵王派特使与其私立条约互不攻伐，并允许赵国吞并秦国庇佑下的东胡、义渠、空同诸国。面对眼前的危机，主政的宣太后只得忍痛答应赵国的条件以换取暂时的和平与稳定。

第四章 风起云涌

"季君之乱"的烽火刚刚熄灭，甘茂便踏上了流亡之路，最终流亡至齐国。在这里，他意外地重逢了昔日的好友苏代。苏代正以齐国使臣的身份出使秦国，甘茂仿佛看到了希望的曙光。他向苏代倾诉了自己在秦国的遭遇，那些重臣的排挤、迫使他逃亡的苦楚以及对留在秦国的妻儿的深深挂念。他恳求苏代在秦王面前为他美言几句，以求保全家人的安全。

苏代带着甘茂的嘱托踏上了秦国的土地。他向秦昭襄王呈上了齐宣王的书简，表达了齐国愿与秦国结盟的诚意。在秦王面前，苏代不仅传达了齐国的意愿，还巧妙地为甘茂辩护。他称赞甘茂的才华与战功，强调甘茂对秦国的忠诚与贡献。同时，他也警告秦王，若甘茂投奔他国，将对秦国构成极大的威胁。秦昭襄王听后，深感甘茂的重要性，决定迎他归国并赐其上卿的高位。于是，秦王派人携带着象征丞相权力的相印，前往齐国迎接甘茂。

然而，出乎所有人的意料，甘茂拒绝了秦王的盛情邀请。他选择留在齐国，接受齐宣王赐予的上卿之职。这一决定在秦国引起了轩然大波，秦昭襄王担心甘茂会报复秦国，便迅速采取措施，免除甘茂全家的赋税徭役，以此表达秦王的宽容与善意。同时，秦王也与齐国展开了激烈的竞争，试图重新赢得甘茂的心。

在齐国任职期间，甘茂又接受了出使楚国的任务。秦昭襄王得知这一消息后，认为这是一个召回甘茂的绝佳机会。于是，他派使者前往楚国，请求楚怀王将甘茂送回秦国。然而，楚怀王陷入了两难的选择之中。他既不想得罪齐国，又不想得罪秦国。在这种情况下，他决定向大臣范蜎寻求建议。

范蜎深思熟虑后认为，甘茂确实是贤才，但如果他担任秦相，对楚国来说将是不利的。因此，他建议楚怀王扶植向寿为秦相。楚怀王采纳了范蜎的建议，向秦昭襄王提出了让向寿担任秦相的请求。

秦昭襄王在权衡利弊后，最终同意了楚怀王的请求。他任命向寿为右丞相，给予了向寿极高的荣誉与地位。

秦昭襄王对甘茂的忠诚持怀疑态度，担心他可能对秦国构成威胁。因此，他向楚怀王提议建立正式的联盟关系。楚怀王接受了这一提议，但提出了一个条件：秦国必须将上庸地区归还给楚国。秦昭王三年（前304）秋，秦昭襄王在魏国和韩国的领土上展示了白起的精锐部队，并在楚国的黄棘与楚怀王会面，签订了"黄棘之盟"。

秦昭襄王的这一系列行动引起了齐、魏、韩三国的警觉。当时孟尝君在齐国掌权，他决定对楚国进行惩罚，并向秦国发出警告。他以齐宣王的名义致信楚怀王，劝其吸取历史教训，不要再受秦国的欺骗。楚怀王对此犹豫不决。

随后的一年，齐、魏、韩三国以楚国退出联盟并转而与秦国结盟为由，联合出兵攻击楚国。楚怀王得知这一消息后，意识到现在的局势对自己非常不利，因为他只得到了上庸地区，却引来了强大的敌人。他现在只能向秦国寻求帮助，但不确定秦国会提出什么样的条件。

第四章 风起云涌

秦昭襄王要求用楚国的太子熊横做人质换取秦国出兵支援。楚怀王对此表示高兴,认为这只是派遣一个人质,并不涉及土地或财富的损失。然而,三闾大夫屈原则认为,用太子做人质比失去土地和财富更为严重。屈原因此受到了亲秦派的强烈反对。那年春天,楚国太子熊横不情愿地踏上了前往秦国的旅程。

秦昭襄王随后命令樗里疾和向寿各自率领数万大军,对抗齐、魏、韩三国的联军。联军看到秦军的坚决态度,不敢正面交锋,未战先退。樗里疾趁机攻占了魏国的蒲坂、晋阳、封陵,而向寿则再次夺取了韩国的武遂。

秦昭襄王让向寿领军出征,显然是为了给他一个建立功勋的机会。与此同时,魏冉也蓄意取代司马错的位置,但一直未能找到合适的时机。恰逢此时,蜀地的郡守、蜀侯嬴辉发动了叛乱,司马错被派往蜀地镇压叛乱。对于司马错来说,这是一项熟悉的任务,嬴辉显然不是这位经验丰富的将军的对手。司马错迅速击败了叛军,斩杀了嬴辉及其随从共27人,平息了蜀地的动乱。

司马错明白,他被派往蜀地的主要目的是将他从都城调离。他不愿意卷入权力斗争,认为保卫边疆和维护国家的安宁才是军人的职责。因此,他心甘情愿地留在蜀地,在那里设立郡县进行管理,并继续训练水师,准备对楚国采取行动。

最终,秦国在内政和外交上都取得了稳定。魏襄王和韩太子婴访问了秦国,秦国将蒲坂(亦作"蒲阪",今山西永济西南蒲州镇)归还给了魏国,这导致抗秦联盟再次瓦解。

战端再起

秦楚和约初定，不料楚太子熊横在秦惹下滔天大祸。

一日，他酒足饭饱归来，所乘马车与秦国大夫在狭窄的路上不期而遇，双方各不相让，争执之下，竟升级为一场激烈的斗殴。熊横盛怒之下，失手将秦国大夫打死。此事惊动了秦昭襄王，他大为震怒，欲将熊横斩首示众，但在众臣的竭力劝阻下，最终作罢。然而，熊横非但没有悔过之意，反而趁机逃回了楚国。

秦昭襄王对此忍无可忍，决心攻打楚国以泄愤。然而，左庶长嬴奂却冷静地劝阻道，楚、秦两国已结为姻亲，且楚国是太后的母国，于情于理都应讲究情面。他建议秦昭襄王鼓动齐国等国出手教训楚国，以维护秦国的威严。秦昭襄王听后，觉得此计可行，便派遣质子前往齐国，并成功说服齐王出兵助战。

于是，齐、魏、韩三国联军浩浩荡荡地抵达了楚国方城，与楚军展开了长达数月的相持战。最终，齐国主将匡章凭借当地人的智慧，找到了浅水渡河之处，率领联军突袭楚军，大获全胜。这一战，后世称之为"垂沙之战"，成为楚秦关系史上的重要转折点。

战后，秦昭襄王并未就此收手，而是继续攻打韩国和楚国，意图将水搅浑，以谋求更大的利益。然而，全面开战的条件尚不成熟，各国之间的关系错综复杂，存亡往往取决于各国实力和决策的正确性。

秦昭襄王为了缓和与楚国的关系，向楚怀王抛出了橄榄枝，邀请他武关相会。楚怀王犹豫不决，但最终还是决定赴约。然而，他一到武关便被秦军软禁，成了人质。这一事件使得楚国陷入了前所未有的危机之中。大臣们商议之后，决定拥立新王以稳定局势。最终，在齐国的协助下，楚太子熊横成功回国继位，成为楚顷襄王。而这场由楚太子熊横引发的风波，也终于告一段落。

另一边的赵国也并不安分，赵武灵王对秦国怀有觊觎之心，为壮大军力，他推行了"胡服骑射"政策。一日，他乔装成胡商，带领胡刀骑士潜入秦国，企图窥探其虚实。然而，他的行踪并未能逃过白起的敏锐双眼。白起机智地提出与他比试良马，赵武灵王因心虚而选择逃离。幸运的是，白起并未深究，反而派遣"铁鹰锐士"护送赵武灵王安全出关，从而避免了秦、赵两国之间的直接冲突。

翌年，赵国派遣楼缓前往秦国担任相国，促成了秦、赵、宋三国的结盟，共同对抗齐、楚、韩、魏的阵营。两大集团实力相当，形成了紧张的对峙局面。

秦国吃了败仗

孟尝君，齐国贵族，曾经在秦国担任丞相，对秦军的兵力调动和战略布局了如指掌。当时，秦国的主力部队在芈戎和嬴奂的指挥下，仍在外进行军事行动；而以勇猛著称的司马错则在蜀地指挥军队向东方和南方扩张，不断拓展秦国的疆域。国内的军事事务由上将军魏冉负责,但可用的兵力相对有限,特别是东部边疆的防御力量显得尤为单薄。秦国的精英部队——"铁鹰锐士",在经历"季君之乱"后,几乎转变成了秦昭襄王的私人护卫,他们的驻扎地也从蓝田转移到了骊山。白起,这位未来的杰出将领,当时也即将成为秦昭襄王护卫队的近卫队长,随时准备执行王的命令。这可能是因为秦昭襄王对之前的叛乱事件仍然心存戒备,所以对禁卫军的信任度有所下降。

在秦、楚、齐这三个强国中,楚国几乎被秦国的军事行动所摧毁。如果齐国能够战胜秦国,它无疑将成为新的地区霸主。因此,孟尝君开始积极活动,寻求联合其他国家共同对抗秦国。

秦昭王九年(前298)年终,齐、魏、韩三国结成联盟,组成了一支强大的军队,由孟尝君亲自指挥,向秦国的函谷关发起了进攻。韩襄王任命大夫如耳为统帅,魏襄王则指派魏齐担任大将军,而齐国则派出了著名的将领匡章。三国的军队在韩地集结,形成了前所未有的强大阵势。同时,宋国和中山国也联合起来,攻击秦国的盐氏(今山西运城市),以分散秦军的注意力。

函谷关因其险峻的地势而成为秦国东部的坚固防线。向寿领导的秦军在此驻守,尽管面对着数量远超自己的联军,他依然相信依靠函谷关的天然屏障,秦军能够以少胜多,使得联军难以迅速攻克。孟尝君也意识到了函谷关的坚固,因此他命令联军在距离关口十几里的地方设立营地,准备进行持久战,每天只派遣少量部队前往关口挑战,而向寿则采取了坚守策略。

第四章 风起云涌

在秦王宫中，右丞相楼缓、上将军魏冉等高级官员认为，联军进攻可能是为了在山东地区进行大规模的军事行动，以阻止秦国的干预。他们推测，作为联军领袖的齐国，可能是为了夺取楚顷襄王承诺的六座城池。因此，秦国官员大多支持秦昭襄王继续对楚国采取军事行动，而不是向函谷关派遣援军。

然而，他们的推测完全错误。联军的真正目标是攻破函谷关，削弱秦国的力量，使齐国能够成为真正的霸主。孟尝君指挥三国联军对函谷关发起了连续的猛烈攻击，但始终未能攻克，双方的对峙持续了将近1年之久。

秦军在向寿的指挥下于函谷关顽强抵抗，但已显疲态，急需援军。秦昭襄王询问谁适合前去替换他们。右丞相楼缓提议撤回对楚国的攻势以支援函谷关，但秦昭襄王认为齐、韩、魏三国的联合力量已不如过去，秦军的实力却远超从前，因此他认为函谷关的局势尚在掌控之中。

在秦昭襄王聆听琴音时，乐师中期突然中断演奏，站起身来，提醒秦昭襄王秦国的强盛并未超越历史上的智伯，韩、魏虽然力量有所减弱，但仍然强于赵襄子的时代。他警告秦昭襄王不可轻敌。秦昭襄王听到这番话后，收敛了笑容，开始认真考虑如何增援函谷关。魏冉提议调动蓝田营的后备力量和骊山营的公孙起精锐部队前往增援，但秦昭襄王坚决反对，他命令芈戎、嬴夋迅速带领所有伐楚的军队前往函谷关，并让司马错带领蜀地一半的兵力回援。

但一切行动都已太迟。孟尝君得知秦军正在调动，立刻命令联军发起强烈的攻势。向寿因援军未至,无法继续抵抗,只得带领残余部队撤出函谷关,退守潼关。

秦昭王十一年(前296)春末,匡章带领齐军成功攻破函谷关。随后,三国联军占领了秦国的盐氏。秦昭襄王极为震惊,迅速召集大臣们讨论和平的可能性。右丞相楼缓建议通过割让土地来求和,但孟尝君对此并不满意。魏、韩两国则表示同意,于是秦国将武遂归还给韩国,将河外地区和封陵归还给魏国。这样,秦国之前从魏国、韩国手中夺取的土地,又全部归还了出去。

第五章 挂帅

峥嵘初显

函谷关战败之后，秦昭襄王开始深思秦国与其他诸侯国的关系。魏冉，这位经验丰富的顾问，向秦昭襄王提出了他的见解："在当今的天下，最强大的国家莫过于秦、齐和楚。函谷关的失利，主要是由于我们与楚国的关系破裂，同时也与齐国产生了矛盾。我认为，如果我们能够与楚国建立联盟，并且与齐国和解，那么韩、魏两国就难以造成大的威胁。"

秦昭襄王听后，却表示不同意，他说："虽然丞相的建议有一定的道理，但楚怀王熊槐在秦国去世，秦楚之间的深仇大恨，怎么可能轻易解决呢？"魏冉进一步解释："陛下，您误会了。导致楚怀王陷入困境的是孟尝君，而不是秦国。秦国之所以遭到三国联军的攻击，实际上是为了惩罚孟尝君。如果陛下能够派人护送楚怀王的遗体回国，并澄清事实，我相信楚王会理解的。"秦昭襄王听后，表示同意。

与此同时，孟尝君正在与赵国的平原君赵胜密谋再次对秦国发起攻击，韩、魏、楚、宋等国也纷纷表示支持。这一消息传到咸阳，引起了一片恐慌，许多人甚至传言秦国这次可能真的要灭亡了。在芷阳宫，大臣们也都感到惊恐，只有秦昭襄王显得镇定自若。宣太后坐在秦昭襄王旁边，询问道："面对六国

第五章 挂帅

联军的强大攻势，我们应该如何是好？"

大臣们都沉默不语，这时，一个坚定的声音打破了沉默："战斗！"大臣们纷纷抬头，看到秦昭襄王站起身来，大声宣布："我不讨论是否应该战斗，我只需要你们告诉我如何战斗。"宣太后看到儿子如此果断，心中感到十分欣慰。

魏冉继续提出他的战略建议："面对六国的联合军队，正面硬碰硬对我们不利，也非明智之举。依我之见，我们应采取双重策略……"秦昭襄王打断了他的话，询问："双重策略是指什么？"魏冉瞥了宣太后一眼，然后解释说："我们可以一边集结精兵强将，准备在函谷关进行决战；同时，派遣使者前往各国游说，以期瓦解他们的联盟。"宣太后立刻表示同意，并强调："此事紧急，必须立刻行动。"

魏冉进一步补充："我还希望推荐两位将领担任重要指挥职务，他们是九等五大夫任鄙和七等公大夫公孙起。虽然他们的爵位并非最高，但他们都是出色的军事指挥官，具有不可忽视的实力。"

魏冉的话引起了朝堂上的广泛讨论。许多人质疑这两位将领缺乏经验且军功爵位不够显赫，如何能胜任如此重要的职位？况且，朝中并非没有其他资深将领。

秦国重视农业和军事，民众热衷于讨论军事事务。无论是军队的战斗力、将领的能力、武器的优劣还是历史上的战争经历，有经验的人都能发表自己的见解。在秦国，文武官员之间没有严格的界限，当国家面临战争时，无论是朝臣还是普通百姓，只要对军事有所了解，都可以向国君提出建议或请求参战。

面对朝臣们的激烈争论，秦昭襄王显得有些不悦，他说道："我们不是在选主帅，何必如此争执？至于临战的将领任命，就让将军府来决定吧。"

魏冉以果断和高效著称，他迅速根据战场的具体情况和将领的特点，部署了前、中、后三军的指挥官以及兵力配置。在魏冉的周密策划下，秦国的军队做好了迎接即将到来的挑战的准备。

接到命令后，白起迅速带领前锋部队向函谷关挺进。经过连续1天1夜的快速行军，他们在第二天早晨成功到达了潼关。注意到士兵们疲惫的状态，白起决定让部队短暂休息。就在休息时，侦察兵急忙报告说，联军中的楚军和宋军已经撤退，而赵军则停止前进，保持观望。

得知这一消息，白起感到非常困惑。他一边指示胡伤立即将这一情报传达给魏冉，一边与蒙骜一起带领轻骑兵进一步侦察敌情，并评估是否该对联军发起突袭。

几天后，敌军的动向变得更加清晰。楚国的大夫黄歇意识到孟尝君策划的六国攻秦实际上是一个诡计，他建议楚顷襄王不要上当受骗，不应派兵参战。楚顷襄王接受了黄歇的建议，立即命令撤军。宋军原本是在孟尝君的压力下参战的，看到楚军撤退，也迅速返回。赵军由于需要同时应对北方的林胡和楼烦以及东面的中山国，自身也忙于处理内务，因此也选择撤军。

面对秦军的强硬姿态，剩下的齐、魏、韩三国军队不敢轻易开战。

一天深夜，孟尝君突然接到侦察兵的紧急报告："伊阙和渑池（今河南渑池西）的两大营地同时遭到秦军的夜间袭击，魏军和韩军已经逃往河外的原野！"孟尝君听到这个消息后感到震惊，难道魏、韩两国是在找借口撤退？这样一来，就只剩下齐国独自面对秦军了。他感到非常无奈，深深地叹了口气："这是天意！"然后，他也下令撤军。

一战惊天下

秦昭王十二年（前295），秦昭襄王实施了一项重大的人事变动，免去了楼缓的右丞相职务，而让魏冉这位上将军接替了这一职位。魏冉一上任，就迅速启动了一系列的人事调整，推荐并提升了多位有才华的年轻地方官员和军事指挥官。在这次人事变动中，任鄙被任命为汉中郡的行政长官，而白起则被提升为左庶长。同时，方洛、胡伤、司马梗、司马靳、雷河、王陵、王龁、蒙骜等年轻将领也得到了晋升。秦国继续实施其"南联楚国，东结齐国"的战略方针，力图彻底改变当前的局势，化险为夷。

虽然秦国与楚国的联盟策略开始显现成效，但与齐国的结盟进程仍步履蹒跚、困难重重。齐国一直是秦国最强大的对手，两国的关系历来复杂多变。秦昭襄王对此感叹："齐国是秦国的一大心腹之患，我们多次尝试与其建立友好关系，却总是功败垂成。现在，齐国又由对秦国抱有敌意的孟尝君掌权，这无疑是我们与齐国结盟的最大障碍。"

魏冉听后，微笑着表示："要实现与齐国的结盟，关键在于让齐湣王先解除孟尝君的相位。只有这样，我们才有机会与齐国建立真正的友好关系。"秦昭襄王对此表示怀疑："这恐怕不是一件易事。孟尝君在齐国享有极高的声望，齐湣王怎会轻易地解除他的职务呢？"

魏冉神秘一笑，说："大王不必担心，臣已有良策。如果我们派密使前往齐国，暗中传播'世人皆知齐国有孟尝君，而不知有齐王'的言论，那么孟尝君的相位就岌岌可危了。"秦昭襄王听后，对魏冉的计策表示赞赏，但随即又露出了忧虑之色："好计策，但不知该派谁去执行这个任务为好。"

这时，五大夫吕礼自告奋勇地请求前往齐国。吕礼原本是齐国人，由于与魏冉关系紧张，在朝中经常受到排挤。现在魏冉权势显赫，吕礼更加担心自己会遭受打压。如果能出使齐国，不仅可以避开与魏冉的直接对抗，还能有机会立下功绩，因此他立刻自荐。

吕礼秘密抵达齐国，私下与当地的名士建立联系，并四处散布对孟尝君不利的谣言。同时，他还收买了齐国的一些重要官员，向他们提出与秦国和解的策略。不久，齐湣王在一次外出时遭遇了强盗的袭击，他怀疑这是孟尝君的门客策划的。这一事件成为导致孟尝君下台的最后一击。不久后，齐湣王便借口解除了孟尝君的相位。孟尝君被免职后，齐国朝中主张与秦国和解的派系逐渐占据了优势。

在这个动荡的时代，各国的局势也在悄然变化，为秦国提供了一段宝贵的恢复和准备时间。

赵国，一度因赵武灵王的改革而焕发活力，现在却经历了"沙丘之变"，这场政变突然中断了赵武灵王的改革，导致赵国内部陷入混乱和动荡。

同时，谋士苏秦从燕国潜入齐国，他的任务是为燕国搜集情报，为即将到来的燕齐之战做准备。苏秦的潜入无疑增加了齐国内部的紧张气氛。

在魏国，魏襄王去世后，其子魏昭王姬邀继位。新君即位，魏国也面临着新的调整和稳定期。

韩国也经历了政权更迭，韩襄王去世，韩釐王姬咎继承了王位。韩国的新政权也带来了新的挑战和机遇。

这些看似不相关的事件实际上相互关联，共同构成了战国时期错综复杂的政治格局。对秦国来说，这些变化为其提供了宝贵的喘息机会。在这段时间内，秦国得以恢复力量，整顿军队，为未来的争霸之路积累力量。

挂帅出征

秦昭王十二年（前295）初夏，阳光明媚，秦昭襄王在芷阳宫聚集了他的大臣们，共同讨论国家大事。秦昭襄王目光坚定，充满信心地发言："现在，我们秦国的'南联于楚，东结于齐'的战略已经取得了进展，这是我们向中原地区扩张、实现宏伟蓝图的绝佳时机。各位大臣认为，我们应该首先从哪里开始行动？"

经验丰富的老将军司马错首先发言："依我看，韩、魏两国的新君刚刚即位，国内政局尚未稳固，这正是我们向东进攻的好机会。"

魏冉听后，也表示赞同："司马错将军说得对，现在确实是进攻韩、魏的好时机。"

秦昭襄王点头同意，然后向其他大臣询问："那么在这两个国家中，我们应该先攻击哪一个？"

司马错毫不犹豫地回答："先攻击韩国。"

大臣们纷纷表示同意，秦昭襄王接着问："那么，谁最适合担任这次军事行动的统帅呢？"

魏冉思考了一会儿，然后说："司马错将军虽然是最合适的人选，但他年纪已大，可能难以承担这一重任；向寿和芈戎在楚国征战多年，也已疲惫不堪，不适合担任主将。我认为公孙起年轻力壮，是'铁鹰锐士'的旅帅，他勇猛善战，精通兵法，是一位难得的将领，可以承担这一重要任务。"

秦昭襄王听后，皱了皱眉，表示不满："公孙起不是刚刚提升为左庶长吗？怎么能直接让他担任主帅呢？"

魏冉坚定地回答："大王，虽然军功爵位可以显示一个将领的战功，但它不能完全代表一个将领的真实能力。公孙起每次战斗都身先士卒，勇猛无比，无人能敌。他不仅勇猛，而且精通兵法，善于指挥，是一位难得的将领。我请求大王给公孙起一个机会，他一定不会辜负我们的期望。"

第五章 挂帅

秦昭襄王听了魏冉的话，觉得有理，于是接受了他的建议，任命白起为东征的主帅，向寿和芈戎为副帅，带领军队进攻韩国。

几天后，秦军抵达了宜阳城下，准备对韩国发起进攻。经过讨论，白起与向寿、芈戎决定将军队分成两支，向寿负责指挥其中一支军队向北进攻韩国，而白起则亲自带领另一支军队迅速向南推进。

在那个深秋，向寿占领了韩国的武始，白起也成功占领了韩国的重要城镇新城。之后，两支军队在伊阙会师，形成了对敌的夹击之势。韩釐王，这位新登基的君主，得知连续失去两座城池的消息后，感到非常震惊，迅速调动兵力，任命大夫暴鸢为最高指挥官，带领军队前往伊阙与当地驻军会合，共同进行防御。

暴鸢面对秦军的强大攻势，感到十分忧虑，并向韩釐王表示："秦军以精兵突袭，我军尚未做好准备，恐怕难以守住伊阙。"

韩釐王经过一番思考，决定向魏国和周天子求援。他表示："韩国一直在为周王室守护边疆，魏国与我们关系密切，必定不会袖手旁观。"

正如韩釐王所预料的那样，魏昭王在接到韩国的求援后，迅速派遣大将公孙喜（犀武）前往支援。而周赧王虽然对秦武王之前索要雍鼎一事心存芥蒂，担心秦军会再次入侵洛邑，威胁到九鼎和周王室的安全，但在这一紧要关头，他还是选择秘密派遣使者向韩、魏两国送去重礼，并派出1万多名士兵加入到魏韩联军中。

伊阙，这片被尊为天子宫门的地域，也是韩、魏两国的西南方屏障，地形险峻，两山对峙，伊水静静流淌，仿佛一条银色丝带穿过其中。正值深冬，山顶覆盖着厚厚的白雪，寒气逼人，伊河河面上也结了一层薄冰，为这片战场增添了几分肃杀的气氛。

当白起带领的秦军到达伊阙时，发现联军已经占据了有利地形，战旗在寒风中飘扬，虽然颜色模糊不清，但那份庄重与凄凉感令人肃然起敬。白起登上山丘，远眺四周，心中默默思考。他转过身来，对向寿和芈戎说："韩、魏联军在周天子的激励下士气高涨，现在直接进攻并不是明智的选择。我们应该先避开他们的锐气，等待合适的时机。"

向寿表示同意，芈戎也补充说："公孙将军说得对，联军人多势众，是我们的2倍，我们不能轻举妄动。我们应该尽快将这里的敌情和我们的计划报告给大王和丞相，争取更多的援军和攻城器械，以提高胜利的概率。"

白起思考了一会儿，说："这里的地形复杂，兵力多未必有用。我打算调来函谷关的千夫长蒙骜和他的轻骑兵，你们认为如何？"向寿立刻表示支持，并建议派人快速返回咸阳请求指示。

考虑到芈戎是王族成员，说话更方便，白起便请他去执行这个任务。尽管芈戎内心有些不情愿，但他也没法拒绝，只得

第五章 挂帅

返回咸阳。不久后,他带着秦昭襄王的命令回来,任命白起为左更,全权负责前线的军事行动。同时,蒙骜的轻骑兵也按时到达,秦军的士气得到了极大的提振。

白起利用他敏锐的观察力,洞悉了韩魏联军内部潜在的重大危机。明明韩国是这次联盟的倡导者,却意外地选择了魏国的公孙喜作为联军的总指挥,这一决策背后隐藏着复杂的策略:如果战争失败,韩国可以将责任归咎于魏国,以此减轻秦国的报复。公孙喜对此十分清楚,既然韩军已经为自己留了后路,他也就毫无顾忌地将韩军置于前线,而自己则在后方数里处布阵,以维护联军的侧翼安全。

面对联军的这种阵势,白起并没有急于进攻。他先派遣轻骑兵去测试韩军的战斗能力,结果发现韩国的弩兵确实实力非凡。如果秦军采取正面突破,不仅会遭遇韩军的坚决抵抗,还需连续突破几道坚固的方阵,伤亡将会极其惨重。因此,白起决定利用联军内部的矛盾,采取侧翼突袭的策略,攻击后方的魏军。

秦军连续数日进行了几次正面佯攻,每次都是短暂交火后迅速撤退,这让韩军的将领暴鸢感到迷惑不解。他从未见过秦军如此畏战,但又不敢轻率地追击。而公孙喜则在后方轻松地观战,看着韩军在前线忙碌,丝毫没有意识到秦军的真实意图。

正当公孙喜准备进一步探究秦军的战术时,秦军的"铁鹰锐士"和轻骑兵如同从天而降,突然对魏军发起了攻击。公孙喜急忙组织反击,但已经太迟了。

093

白起身先士卒,挥舞长剑,高呼:"冲锋,杀敌!"随着号角和战鼓的响起,秦军步兵从两侧迅速包围,迅速占领了前方的几处要塞。在浓重的晨雾中,一场规模巨大的战斗拉开了序幕。

在不到十里的狭窄战场上,两军进行了激烈的搏斗。魏军士兵虽然身穿"三层之甲",防护坚固,但行动不便,难以抵御秦军的强烈攻势。秦军士兵战斗得异常激烈,甚至脱下铠甲,赤膊上阵,每斩杀一名魏军士兵,就用绳子将其首级绑在腰间。魏军逐渐不支,数万士兵所剩无几。

在混乱的战斗中,主将公孙喜受伤,独自骑马逃向伊阙城。年轻力壮的蒙骜大喝一声,迅速追上,将公孙喜从马上拉下来。

当得知侧翼的魏军被秦军彻底击败的消息时,负责正面防守的韩国将领暴鸢才意识到自己已落入白起的陷阱。这时,秦军已经展开了钳形攻击,从两侧迅速包围,救援魏军已成为不可能完成的任务。深知秦军勇猛的暴鸢不愿意坐以待毙,他果断命令韩军撤退到伊阙城。然而,秦军的行动比他预想的更快,韩军的退路已经被切断。

暴鸢不想成为秦军的俘虏,更不想命丧于此,于是他带领自己的卫队迅速尝试突围。白起发现敌军企图逃跑,立即命令秦军围攻并消灭所有韩军。秦军的战车兵迅速在各要道路口布下蒺藜阵,用战车构筑起坚固的防线。弓箭手隐蔽在盾牌后方,不慌不忙地向韩军射箭。长枪兵、持戟兵和骑兵严阵以待,防止任何意外。

第五章 挂帅

"铁鹰锐士"和轻骑兵像猛虎下山一样冲入敌阵,将韩军的阵型冲散。失去指挥官的韩军陷入混乱,各自为战,被秦军分割包围。步兵像收割庄稼一样,逐个斩杀韩军士兵。面对凶猛的秦军,韩军士兵心中充满恐惧,像无头苍蝇一样四处逃散,只有少数经验丰富的士兵依靠山地营寨进行顽强抵抗。

秦军步兵将领王龁一声怒吼,冲上山坡,数千步兵紧随其后。很快,山坡上滚落下无数韩军士兵的头颅。绿色的战旗被鲜血染红,山谷间血流成河。这场围歼战持续了1天1夜,数十万韩魏联军几乎全军覆没,魏军将领公孙喜等人被押送到新城。

白起试图说服公孙喜等人投降,但公孙喜长叹一声说:"先王对我们恩重如山,如今我们却辜负了王师,即使能活下来,又有什么脸面回去?即使大王宽恕我们,我们心中难道不会感到羞愧吗?不如以死报效国家!"其他魏军将领也羞愧地低下了头。公孙喜继续痛斥道:"你们这些无能之辈,难道忘了函谷关的耻辱吗?魏国虽然战败,但仍有数十万精兵。魏王英明贤能,手下谋臣良将无数,岂是你们可以欺凌的?今天的事,只有一死而已!"

白起听后大怒,下令将公孙喜斩首。

"伊阙之战"震惊了天下,白起不仅以少胜多创造了战争奇迹,更因全歼韩军主力使韩国元气大伤,从此名扬四海。

一鼓作气

当白起从伊阙战场胜利返回时,秦昭襄王亲自带领着大臣们在城东 10 里外迎接,城内的众多百姓也涌出城外,站在道路两侧,热情地迎接秦国的战士们归来。见到秦王亲自迎接,白起立刻下马行礼。秦昭襄王从车上下来,亲手扶起白起,并邀请他一同乘车前往六英宫。

白起感到十分荣幸,即便在进入殿内后,他的心中依然有些不安。宣太后见状,微笑着说:"这是国君特别安排的宴会,不需要拘泥于礼节。今天是公孙将军胜利归来的日子,恰逢冬至,宴会的主宾自然是公孙将军。"

白起立刻向秦昭襄王表示感谢,然后走向为他准备的、位于秦昭襄王右侧的座位。秦昭襄王举起酒杯,与大家共饮,说道:"冬至是养生的好时节,适合多策划少行动。韩、魏两国在'伊阙之战'后对我们秦国心怀恐惧,所以他们暂时不敢再次发兵。因此,这个冬天就让秦国的战士们好好休息,明年再战,争取更大的胜利。"

几轮酒后,白起发言:"大王关心征战的士兵,让我们休息备战,但我认为'伊阙之战'只是打开了通往中原的南线,目前我们急需打通秦、魏之间的北线。如果我们现在休息,只会给魏国恢复的机会。时机稍纵即逝,宁可在思考中前进,也不要在思考中停滞。"

秦昭襄王听后,深感白起的话有道理。宴会结束后,他与丞相魏冉一起，召集了嬴疢、司马错、白起、向寿、芈戎等将领，到芷阳宫讨论具体的战略细节。

将领们认同白起的战略观点，但也担心士兵们因连续作战而疲惫，可能产生不满。白起自信地表示："如果大王能完全兑现对士兵的奖赏，我就有信心带领他们继续为国家奋战。"

秦昭襄王立即承诺："我绝不会亏待任何士兵！"于是，他再次任命白起为主帅，率领军队直奔河东（今山西西南部），开启了秦国东进的新征程。

白起被任命为主帅后，首先命令东征的军队全体休息5天，以便恢复体力和准备下一轮的战斗。在这段时间里，他和几位年轻的将领，包括方洛、蒙骜、胡伤、雷河等，骑马快速前往临晋关。仅用2天，白起就站在了黄河的西岸，远眺对岸的魏国蒲坂关。

胡伤，这位曾在这一带居住过的赵国人，对这里的地理环境非常熟悉。他向白起解释说："这条河流自北向南，主河道称为'西河'。河东地区是三晋的心脏地带，控制着黄河大转弯处的关键位置。它东接上党，西控黄河，南通汴洛，北挡晋阳，是连接四方的战略要地。"

蒙骜也曾在这一地区参与过战斗，补充说："蒲坂是舜帝的都城，而安邑则是禹帝的都城，也是魏国的旧都。要攻占这些城市，我们不仅要面对魏国的士兵，还要面对对这片土地有深厚感情的当地居民。"

白起听了这些话后，思考了一会儿，然后问："盐氏离安邑很近，如果我们先攻占盐氏，再围攻安邑，会有什么效果？"

蒙骜回答说："盐氏是安邑的主要物资供应地，如果我们控制了盐氏，就等于对安邑实施了物资封锁，这将大大削弱安邑的防御力量。"

白起听了蒙骜的分析后，陷入了深思。那天晚上，他沿着黄河向上游前进至上郡，亲自考察冬季渡河的路线，确保大军能够顺利过河。当他返回咸阳时，蓝田和骊山两大营地的步兵、战车兵、轻骑兵、"铁鹰锐士"等东征部队已经全部集结，准备出发。

经过1个多月的时间，魏昭王忽然收到一份紧急的军事报告：秦军已经渡过了黄河，向东进入河内地区，攻陷了数座城池。垣城、安邑等重要城镇都受到了秦军的攻击，形势十分危急。听到这个消息，魏昭王大为震惊，他问道："秦军的统帅究竟是谁？在这样寒冷的冬季竟然敢来侵犯我们的河内！"在秦国人看来，这片区域被称为河东，而在魏国人心中，它则是他们的河内。

丞相魏齐同样感到困惑："秦军这次究竟想做什么？我们刚刚与他们签订了和约，他们现在连一个借口都没有就发动了攻击？"

面对魏齐的连续追问，朝堂上却无人能够回答。魏齐提高了声音："我们失去了多少城池？啊？失去了多少城池？"看到还是没有人回答，司徒芒卯低声说道："听说是那位在'伊阙之战'中击败公孙喜将军的白起将军。"

第五章 挂帅

"秦国的白起将军?"众人一听,无不感到害怕,心中充满了恐惧。

魏昭王脸色凝重,大声宣布:"如果有人能够战胜白起,我将封他为上将军!"自从大将庞涓战死后,魏国就再也没有任命过上将军,这无疑是最高的荣誉。

然而,目前魏军中具有主将经验的人非常少。经过讨论,大家认为魏齐、晋鄙、辛垣衍(另作新垣衍)三人是最合适的选择,但他们三人都不愿意承担这个重任。魏昭王年轻气盛,不顾老将们的反对,强行命令他们三人带领数十万大军去救援河内,违令者斩!

魏齐作为丞相,实际上只是名义上的统帅,真正上前线的是晋鄙和辛垣衍。为了鼓舞士气,魏齐为他们举办了一场饯行宴。晋鄙和辛垣衍心里明白,这次别说是取得胜利被封赏,能够活着回来就已经非常幸运了。魏昭王也看出他们缺乏信心,急忙安慰道:"河内有60多座城池,失去几座小城不算什么。只要你们能够保住安邑、曲沃、蒲坂、左邑等几座大城市,就已经是立了大功!"

第二天,魏昭王带领着文武百官,走出大梁南城门10里,为晋鄙和辛垣衍送行。

在这一刻,白起将军将东征的军队分成了两部分。北线由白起亲自指挥,像一条巨龙一样沿着黄河向北蜿蜒前进,穿越了吕梁雄伟的山脉,直达上郡,然后在黄河的浅滩处巧妙地向东渡过。这条路线曾是赵武灵王秘密访问秦国的隐秘通道,魏

白起 从天而降的一代战神

国军队从未预料到秦军会如此意外地出现在河内，导致城池内外的守军和居民陷入一片混乱。白起指挥的北线大军，就像秋风扫落叶一样，攻城略地，势不可当。

在南线，司马错将军在临晋关和对岸的蒲坂与魏军形成了一种微妙的对峙状态。南线秦军的战略意图明确而深远：一方面，吸引河东魏军的主力，为白起的北线大军提供完美的掩护；另一方面，如果蒲坂长时间无法攻克，就灵活地改变方向，沿黄河顺流而下，直到潼关，然后转向东，占领洛邑西北的孟津渡口和敖仓西北岸的广武渡口。这一行动不是为了拦截魏军的援军，而是为了诱敌深入，然后一举歼灭魏军的主力。对白起来说，除了关键的战略要地，其他地区的得失都无关紧要。

蒲坂位于中条山的北坡，牢牢地控制着蒲津关口，与临晋关相互呼应，共同构成了魏国的坚固防线。通常，魏国都会派重兵守卫这里，现在面对秦军的威胁，魏军更是严阵以待，巡逻警戒的力度前所未有地增强，每次巡逻都有成千上万的士兵，包括步兵、骑兵和预备队，全副武装，准备迎战。

司马错将军并不追求速战速决，而是精明地将蒲坂作为吸引点，引诱魏军的主力部队前来支援。随着时间的流逝，秦军不断从蒲津渡口涌过黄河，使得蒲坂关前的秦军数量不断增加，而魏军则依靠地形的优势，坚守阵地，急切地盼望着援军的到来。

终于，在某个黄昏将逝的夜晚，司马错带领部队默默地渡过了黄河。到了午夜时分，当四周一片寂静，他下令秦军以猛虎之势，采用攻击方阵迅速向前推进。守关的魏军面对如乌云压顶的秦军，心中惊恐，不敢轻易出战，只能依靠强弩进行远程攻击。秦军逐步逼近，但并不急于攻城，而是以箭雨还击。经过一番激烈的箭战，魏军的箭矢消耗巨大，达到了10万余支。

司马错精心策划的这场大规模夜袭，其深远的用意在于让魏军在恐慌中错误判断形势，急于请求援助，从而将魏军的主力吸引到他预设的战场。看到守关的魏军仍然坚守不出，司马错又施一计，命令向寿率领部队悄悄向安邑靠近，而他自己则撤回，沿着黄河南岸，从容地向东行进。

在河东以北，白起将军和他的精锐部队辛勤作战，仅用了两个月的时间，就如秋风扫落叶一般，连续攻下了20多座城池。直到这时，魏昭王的援军才仿佛从沉睡中苏醒，缓慢地进入了河内这片战略要地。

在这一天，魏军的统帅魏齐召集了一次军事会议。在会议上，众多将领围坐一起，热议的焦点是秦军可能的下一步行动，以及魏军应如何布防，以保护他们的领土。河内地区城池众多，想要全面防守几乎是不可能的。经过一番激烈的讨论，大家一致认为：安邑、曲沃、蒲坂、左邑等五六个重要城镇和险要关口是魏军必须坚守的关键防线。

会议结束后，魏齐立刻登上了安邑的城墙，想要目睹秦军的阵容。在夜幕下，星光闪烁，秦军的军容在朦胧中显得更加威严，步兵的阵型和战术让魏军感到难以匹敌。秦军士兵的勇猛闻名遐迩，远超过魏军。秦军的装备更是令人印象深刻：冲车、云梯、望楼层层叠叠，壮观如山；轻骑兵和"铁鹰锐士"手持长矛，腰间的长剑在夜色中闪烁，黑色盾牌散发出冷冽的光芒，令人心生畏惧。

魏齐心中暗想："这安邑，恐怕连神仙也难以保全！"尽管如此，他仍然无法揣摩秦军主帅白起的战术意图。安邑虽然有吕梁、中条、太行三山环绕，看似坚不可摧，但实际上城市位于一个盆地之中，周围并没有险要的地形可以利用。秦军为何只是围城而不攻城，他们究竟有何打算？

光阴似箭，转眼间已是第二年。白起以势如破竹的攻势，成功占领了河东的重要城镇垣城。与此同时，司马错也不甘落后，迅速攻占了轵关陉，形成了对河东地区的合围之势。秦昭襄王得知这些胜利的消息后，非常高兴，随即下旨表彰，提升白起为国尉，并授予大良造的爵位。至此，白起的军功和地位已经超过了司马错，成为秦军的总指挥，其名声也传遍各地。

面对河内混乱的战局，魏齐这位经验丰富的将领向魏昭王提出了一个建议：与秦国进行和平谈判，以避免魏军在河内的主力部队遭受不必要的损失。魏昭王虽然平时不太处理政务，但对此建议非常认同，认为没有必要为了河内地区与秦国硬碰硬，保持实力才是关键。

因此，魏昭王果断决定，派遣芒卯作为使者前往秦国进行和谈。经过一系列的谈判，魏国最终决定牺牲部分利益，将河内的绛、安邑等地割让给秦国。作为回报，秦国也慷慨地将垣城等地归还给魏国。这样，围攻安邑的向寿也适时地撤回了军队。

秦昭襄王对这一结果感到非常满意，函谷关的失地之耻终于得到了洗刷。他在得意之余，又萌生了与楚国结盟的念头，希望与楚国结为亲家。然而，楚顷襄王并未接受这一提议，直接拒绝了秦昭襄王的请求。秦昭襄王感到非常愤怒，立即命令离楚国最近的司马错率领部队对楚国进行惩罚。

司马错迅速从轵关陉一带南下，轻而易举地占领了楚国的宛、邓两地。面对这样的局势，楚顷襄王无奈之下，只得同意和亲，从秦国迎娶了一位新娘。不过，秦昭襄王并没有打算将宛、邓两地归还给楚国，而是将宛地封给了公子市，将邓地封给了公子悝，作为对他们的奖赏。

征服河东

在秦军强大的军事压力下，魏国无奈地选择了让步，与秦国签订了暂时的和平协议，但这脆弱的和约并没有为魏国带来真正的和平。秦、魏之间的停战协议使得白起在河东的战略布局失去了光彩，他心中充满了不满。因此，他命令蒙骜带领轻骑兵和商洛的"铁鹰锐士"在河东地区神出鬼没，持续骚扰魏军。面对秦军的挑衅，魏军选择避免正面冲突，似乎是在默默忍受。

在秦、魏两国边打边谈、局势复杂难解之时，赵惠文王终于摆脱了相国肥义的控制，稳固了自己的王位。他的身边聚集了蔺相如、廉颇、平原君赵胜、赵奢等一批文武双全的贤臣。他们共同努力，对外以理服人，连强大的秦国也不得不对他们表示敬意；对内则广泛听取建议，利用国内外的有利形势，大力发展经济，加强军事力量，使赵国的国力迅速增强。

魏昭王和魏相魏齐面对秦国的贪得无厌和自己无力抵抗的现实，秘密向正在崛起的赵国寻求支持。他们大方地将葛孽送给年轻的赵惠文王作为"养邑"，并将河阳献给赵国的奉阳君李兑之子作为封地，希望与赵国结盟共同对抗秦国。

奉阳君李兑虽然试图联合五国攻秦，但未能说服各国。秦昭襄王得知后非常愤怒，立即命令白起和司马错对背叛秦国的魏昭王进行严厉的惩罚。白起和司马错率领军队攻占了魏国的河雍、垣城等地，使魏昭王意识到赵国并不是一个可靠的盟友。因此，他再次主动割让了400里土地，与秦国签订了新的和约。但这一次，白起不再相信魏国的诚意，继续率领军队进攻魏、韩两国的重要城市，连续攻占了61座城池。

在白起的指挥下，秦军似乎得到了战神的加持，战无不胜，攻无不克。秦国的领土不断扩张，秦昭襄王的野心也随之增长。他不再满足于仅仅称王，而是渴望称帝，以显示自己的至高无上。于是，他开始策划取代周朝，实现自己的帝王梦想。

秦昭王十九年（前288）十月，秦、齐两国暗中较劲，争夺称帝的地位。秦昭襄王派丞相魏冉赴齐，提议秦、齐分别自封西方大帝和东方大帝，共享尊荣。

此时，苏秦从燕国赶来，对齐湣王说："秦送帝号，大王可接受但不急称帝。先观察秦王称帝后天下的反应，若天下平静，大王再称帝；若遭反对，则不效仿。且两国同时称帝，天下人更尊敬谁？"齐王答："秦国。"苏秦又问："若大王拒帝号，天下人更爱戴谁？"齐王答："齐国。"

苏秦趁机建议："大王勿与秦争虚名，应在秦王骄傲时攻宋。宋王暴政，称'桀宋'。大王若弃帝号，伐暴君，必得天下称赞。占宋后，魏、赵、楚等地将受威胁，甚至魏都大梁都会被封锁。攻宋利多，望大王深思。"

苏秦实为燕国利益。他曾因为燕国间谍被告发，返回燕国后未得官职。于是他主动求见燕易王，称："忠诚者为己，有抱负者为他人。我远离家乡，为求抱负。"燕易王问其是忠诚还是有抱负，苏秦以侍妾救主为例，说明自己明明忠诚却被当成罪人。燕易王听后，恢复其官职。

苏秦赴齐的主要目的是说服齐王弃帝号，以攻宋为诱饵，与赵会盟，停攻燕。齐王权衡后决定弃帝号，并派苏代联络楚、魏攻宋。秦昭襄王怒，欲援宋。

苏代急赴秦游说秦昭襄王："韩聂攻宋，为大王。齐强，得宋辅，楚、魏必恐，定侍秦。大王可不费兵卒，使魏割安邑。"秦昭襄王了解宋王品行，不愿与宋结盟，同意齐灭宋，不干涉。

秦昭王二十一年（前286），齐封韩聂为相，攻宋。宋康王昏庸，杀忠臣，宋国灭亡成必然。不久，齐军攻陷宋都，宋康王逃至魏温邑，客死他乡。经十多年侵吞，齐使宋完全灭亡。

秦、齐称帝显露吞并五国雄心。齐得宋地，秦却遭五国联合攻击，因各国各有打算，未形成统一行动，最终未果。称帝攻宋大戏就此落幕。

在那段时光里，白起指挥着秦军与魏、韩、赵三国进行了一次次策略与勇气的对决。他具有独特的战略洞察力，能够根据形势灵活调整战术，时而如潮水般猛烈进攻，时而有序撤退，就像一位精算的棋手在广阔的战场上精心布局。

白起精于利用敌人的力量，耐心细致，反复在敌我之间进行周旋。正是这份坚持与智慧，让他逐渐将魏国势力从河东地区排挤出去。魏国在连续受挫后，终于无力回天，主动割让了旧都安邑，这表示魏国完全放弃了河东这一战略要地，秦国的东部因此建立起一道坚不可摧的防线。

这条防线不仅为秦国提供了重要的战略缓冲，还为其未来占领中原打下了坚实的基础。可以说，白起的战略布局为秦国的扩张铺平了道路。

随着冬日寒风的呼啸，白起根据时局，向秦昭襄王提出了一个大胆的提议：建立河东郡。秦昭襄王得知后，迅速与丞相魏冉讨论了这一建议。秦昭襄王有些迟疑地问："新郡的建立涉及众多事务，是否已经考虑成熟？"

魏冉听后，露出自信的微笑，从容回答："现在正是展现我们设立新郡的勇气和决心的时刻。在河东建立郡治，将使秦国的疆域向东扩展300里，这对其他诸侯国将是一种强烈的威慑。因此，我建议立即建立河东郡，大胆向山东地区迈进，展示我们的宏伟蓝图。"

秦昭襄王听后，认为其言之有理，决定果断设立河东郡。他命令秦军将安邑城中的魏国居民迁移，然后吸引秦人迁往河东居住，并给予他们爵位和土地；同时，还将一些被赦免的罪犯迁移到河东，以增加新郡的人口。至此，河东地区正式纳入秦国的领土，成为秦国向东扩张的重要一步。

六国伐齐

在历史的洪流里，苏秦和苏代这对智慧非凡的兄弟，就像两位技艺超群的棋手，为齐湣王精心策划了一场旨在并吞宋国的战略布局。但是，这场表面上光鲜的军事行动，却意外地将齐国推向了战争的泥潭，其最终结果令人感叹。

在齐湣王满怀壮志地开始对宋国的征战之前，苏代已经秘密获得了秦昭襄王的同意，甚至赢得了秦国的支持——五大夫王陵带领军队加入了战斗。但是，战争结束后的利益分配让秦国一无所获，这无疑让秦昭襄王感到不快。因此，他召集白起和王陵调查事情的真相。

王陵以尊敬的态度回应道："大王，虽然宋国的领土被各国分割，秦国本应有其一份，但公孙大良造认为那块土地孤悬，对秦国来说没有好处，反而需要投入兵力去守卫，这实际上是个亏本的买卖。"

秦昭襄王听后，皱了皱眉，然后转向白起，寻求他的意见："难道我们就这么放弃？没有其他解决方案了吗？"

白起见王陵还有未尽之言，便补充说明："大王，实际上韩相已经提议用上党地区的城池来交换秦国在宋国得到的土地。我认为，上党地区的地理位置对我们向东扩展更为有利。如果秦国主动放弃宋国的土地，不仅能显示我们伐宋的正义，还能为我们未来指责齐国违约提供理由。"

秦昭襄王听后，赞许地拍案叫好："好计策！这真是一举两得的策略。那么，接下来该如何执行呢？"

白起显然已经成竹在胸，迅速回答："臣有两个请求。第一，请求陛下允许我带领军队去考察上党，因为韩、魏、赵三国在那里都有城池，地形复杂，我们正好可以利用他们之间的矛盾，将上党纳入我们的控制之中。"

秦昭襄王点头表示同意，又问："那么第二个请求是什么？"

白起稍作犹豫，然后说："臣请求陛下放弃帝号，进而联合燕、楚以及三晋五国共同对齐国采取行动。"

虽然秦昭襄王有伐齐的意图，但放弃帝号让他感到有些难以接受，因为这关系到他的尊严。然而，他也知道如果不这样做，五国可能不会响应他的号召。经过深思熟虑，他最终让步道："好吧，就按照爱卿的建议去做。"

第二天，秦昭襄王正在与他的大臣们讨论攻打齐国的计划，正好燕国的使者到来，这对秦昭襄王来说无疑是一个好消息，他立刻接见了使者。

燕国一直被齐国压制，但经过燕昭王近20年的精心治理，燕国逐渐恢复了实力，国力日益增强。尽管如此，燕国在几次对齐国的军事行动中都未能取得胜利。燕昭王明白，单靠燕国的力量难以对抗齐国，因此他听从了上将军乐毅的建议，决定与其他国家结盟，共同对抗齐国。

第五章 挂帅

为了帮助燕国洗雪前耻，苏秦秘密进入齐国，充当间谍，为燕国编织了一张复仇的网络。同时，乐毅前往赵国，亲自与赵惠文王会面，以真诚的态度请求赵国的支持。赵惠文王对乐毅的才能和决心印象深刻，果断地将相国的权力交给了他，这份信任极大地增强了乐毅复仇计划的决心。

与此同时，燕昭王也派遣了剧辛和邹衍这两位智者前往秦国，目的是与秦国建立联盟，一起对抗齐国。秦昭襄王对这一建议非常感兴趣，他不仅立即表示同意，还提议与三晋（韩、赵、魏）和楚国举行会盟，以增强共同攻打齐国的力量。

1个月之后，六国的使者聚集在风景如画的宜阳。在会议上，燕国的上将军乐毅提出了一个公平而明智的提议：各国应共同分担风险，并在胜利后共享战果。这个建议得到了与会者的普遍赞同。秦昭襄王更是做出了一个令人意外的决定，他公开宣布放弃秦国的帝号，以此显示秦国支持燕国攻打齐国的决心，并郑重承诺，战争胜利后，秦国不会占领齐国的任何领土。

这一行为让所有在场的代表都感到动容。除了楚国，其他四国都对秦昭襄王的慷慨和正义表示了高度赞赏，并同意出兵攻打齐国。楚国的代表则显得有些尴尬，他们指出，楚国和齐国是长期的战略伙伴，不宜违背盟约攻击齐国。秦昭襄王虽然清楚楚顷襄王的真实意图，但考虑到楚国近年来在秦国的攻击下已经显得力不从心，不愿出兵也是可以理解的，因此他没有对楚国进行过多的指责。

最终，会议决定由智慧与勇气并存的燕国上将军乐毅担任联军统帅，秦、燕、赵、魏、韩五国组成联军，准备发动一场大规模的伐齐战争。

齐湣王指派大将触子指挥数十万精兵，气势磅礴地渡过济水，向西进军，誓言抵御外来侵略。齐湣王亲自前往前线督战，鼓舞士气。

乐毅指挥由五国精英组成的联军，对齐军发起了如潮水般的攻势。经过几轮激烈的战斗，战场上硝烟四起，双方各有胜负，但仔细观察可以发现，联军略占优势。

然而，白起对于那种双方都损失惨重的正面冲突并不感兴趣。他向乐毅提出了一个计策，建议利用赵国的骑兵深入敌阵，将齐军分割成多个易于击败的小团体。然后，利用联军的压倒性优势，逐一歼灭这些孤立的齐军部队，以最小的成本取得最大的战果。

乐毅立刻认识到这个计策的精妙之处，并迅速做出了决定。他迅速组织了联军中的精英部队，以赵国的精锐骑兵作为先锋，像一把锋利的刀片一样精确地切入敌军。联军的主力紧随其后，对那些被分割的齐军小队进行无情且高效的打击。经过几天的战斗，齐军最终无法抵抗，遭受了重大失败，主力部队几乎被全歼。齐湣王在无奈之下，只能带领数万残余部队，仓皇逃回都城临淄（今山东淄博市东北齐都镇）。

战败后，齐湣王并没有反思自己的责任，反而将失败的怒气发泄到士兵身上，责怪他们战斗不力。他甚至用挖掘祖坟和杀戮的威胁迫使士兵拼命作战。这种极端的做法并没有激发士兵的斗志，反而使他们感到恐惧，士气低落，军心涣散。在这种压力下，主将触子选择逃离，下落不明；副将达子则努力集结残余部队，试图在都城临淄重新组织有效的防御，但此时的齐军已经如同惊弓之鸟，难以恢复昔日的雄风。

在济西之战结束后，乐毅指挥秦、韩两国军队撤退，并巧妙地进行了部署：命令魏军分兵进攻宋国的旧领土，赵军则向北推进，收复河间地区。乐毅亲自率领燕军，像一把锋利的剑一样，从北向南长驱直入，所到之处，齐国的残余部队无不闻风丧胆，燕军的威名远播。

面对这一战略布局，大将剧辛表达了他的观点："齐国地域宽广，而燕国相对较小。我们之所以能够战胜齐军，完全是因为各国的协助。现在，我们应该利用这个机会夺取边境城市，扩大燕国的版图，这是最佳策略。目前大军忽略了沿途的城池，只是深入敌国，这样做既没有给齐国带来重大打击，对燕国也没有好处，反而可能引发深仇大恨，未来我们会后悔的。"

乐毅听了之后，微笑着，显得非常自信："齐王这个人，一向好大喜功，固执己见，从不与他的臣下讨论国事，还罢免了贤能之士，只宠信那些阿谀奉承的小人，导致民怨沸腾。现在齐军已经士气低落，混乱不堪，这正是我们乘胜追击的好时机。如果我们现在紧追不舍，齐国的百姓肯定会反抗，国内将会发生动乱，那时，齐国就容易对付了。如果错过了这个难得的机会，等到齐王意识到自己的错误并改正，我们再想有所作为，就会非常困难。"

因此，乐毅决定继续向齐国的腹地进军。燕军一路高歌猛进，齐国的守军纷纷溃败。在"济西之战"结束后的一段时间内，燕军迅速攻占了齐国的大量城池，最终只剩下莒和即墨两座孤城还在齐国手中。

乐毅带领着庞大的军队，威武地进入了齐国的都城临淄。而齐湣王，则像一只被追捕的兔子，四处逃窜，最终逃到了卫国。卫国国君对他以礼相待，为他提供了宫殿居住，并向他称臣，提供生活所需。但齐湣王傲慢无礼，不久就激怒了卫国人。他又逃往邹国和鲁国，但仍然不改他的傲慢态度。邹、鲁两国的国君不让他进入他们的城市。最后，齐湣王只能逃到莒城。

国君的逃亡使齐国陷入了混乱。乐毅抓住机会，在临淄掠夺了大量的财宝和祭祀用具，将它们运回燕国。燕昭王得知胜利的消息后，亲自前往济水上游慰问军队，并慷慨地奖赏士兵。他还特别封乐毅为昌国君，让他留在齐国继续攻占剩余的城市。

在那个时刻，楚顷襄王见齐国形势可乘，心生贪念。他以援助齐国为名，派遣大将淖齿领兵进入齐境。齐湣王见楚军到来，满心欢喜，立刻任命淖齿为相国，希望借助楚军的力量对抗燕军。然而，他没料到淖齿实际上是个心怀叵测的入侵者。

淖齿进入齐国后，不仅夺回了之前被齐国占领的淮北地区，还四处掠夺各城的财宝。他甚至暗中计划与燕国一起分割齐国。有一天，他逮捕了齐湣王，严厉地指责他："你可知道，在齐国的千乘和博昌之间，数百里的地方下了血雨，连百姓的衣服都被染红了！"齐湣王只能勉强回答："我知道这事。"

第五章 挂帅

淖齿继续追问:"还有,宫殿前有哭泣声,四处寻找却找不到人,离开后又听到哭声,这你也知情吗?"齐湣王支支吾吾地回答:"这个……我也听说过。"

淖齿冷笑道:"血雨降世,是天意在警告你;宫殿中的哭泣声,是你的祖先在责备你。你如此执迷不悟,怎能被宽恕?"他越说越激动,唾沫横飞。

齐湣王终于被激怒,大声反驳:"你们不过是一群强盗,想要什么尽管拿去,何必多费唇舌!我乃齐国之君,岂是贪生怕死之徒?"

淖齿听后,立刻露出了凶残的本性。他将齐湣王残忍地吊在桥上,不给他食物和水,还对他施以酷刑。齐湣王痛苦地哀号了数天,最终在极度的痛苦中死去。这位曾经的东方大帝、一个强大国家的君主,竟然落得如此悲惨的下场。

第六章 所向披靡

轻取光狼城

白起，这位沙场上的老将，对三晋的上党地区早已虎视眈眈。然而，在五国联合对齐国采取行动之后，赵国突然改变了策略，不再专注于东方的齐国，而是将目光转向了秦国，一边加强边防，一边与秦国重建友好关系。秦昭襄王对此感到非常高兴，以至于忘记了之前对白起承诺的出兵上党的计划，而是兴高采烈地前往穰地与赵惠文王达成和解。

白起这边则是一无所获，心中充满了失望。但他并不是一个轻易放弃的人，随即将目标转向了魏国的安城。秦昭王二十四年（前283）秦军攻势迅猛，如同势不可当的洪水，迅速攻陷了安城，接着又直奔大梁。魏昭王见状，惊恐万分，急忙向赵国求援。

赵惠文王重视兄弟情谊，看到魏国的困境，立刻决定支持魏国，派遣军队进行援助。毕竟，三晋之间的紧密关系就像唇齿相依，不可分割。

秦昭襄王得知这一情况后，非常愤怒，指责赵惠文王不守信用，并命令白起不必留情，全力进攻上党。上党地区的战略位置十分重要，东周的皇城洛阳、韩国的都城新郑位于其南部，魏国的都城大梁在其东南部，赵国的都城邯郸在其东部，这个

第六章 所向披靡

地区的重要性不言而喻,自然成为各国争夺的焦点。

"自从赵国实行'胡服骑射'的政策以来,已经过了将近20年的和平发展,国力不断增强。"魏冉,这位手握重权的大臣,眉头轻皱,显得有些担心,"赵王的统治现在非常稳固,赵国的常备军已经增长到几十万。而我们这些年来,并没有和赵军有过直接的冲突。我认为,这次出兵,我们应该以侦察为主,不要轻易采取行动。"

站在一旁的白起,在沉默了一会儿后,终于发言:"从整体形势来看,现在确实需要给赵国一些警告,以显示我们秦国的威力,否则在中原地区的计划将难以实现。丞相的意见非常正确,这场战斗的关键在于迅速取胜,避免长时间的对峙。一旦取得胜利,大王就可以和赵王进行和平谈判,让所有人都清楚,大秦并不是不能打赢战争,而是更愿意通过和平手段解决冲突。"

秦昭襄王听了这些话,轻轻点头表示赞同:"这个计划很好,既稳妥又可行。最重要的是,这场战斗必须赢得漂亮,不能有任何失误。"

白起鞠躬行礼,语气坚决:"对于这场战斗,我愿意亲自领军出征,一定会展现大王的威严,不辜负陛下的信任。"

夜战和长距离快速攻击是秦军,特别是"铁鹰锐士"的强项。在一个月黑风高的夜晚,一支由数千轻骑兵和"铁鹰锐士"组成的先头部队,沿着太岳山的西南边缘迅速前进,而数万步兵主力则紧随其后。

当黎明的第一缕光线出现时，秦军的先锋部队已经悄然渡过了沁水河。白起将军一声令下，如同夜空中的霹雳，目标直指泫氏关。蒙骜指挥的轻骑兵和方洛领导的"铁鹰锐士"，像脱缰的野马一样，争相冲向敌人的阵地。而两千守关的赵军，还在睡梦中就遭遇了秦军的突然袭击，梦断在关前。

随后，秦军骑兵如狂风暴雨般直扑泫氏邑的光狼城。白起将军站在北街的高地上，对光狼城内究竟有多少守军感到难以捉摸。

这时，王龁将军提出了一个计策："我大胆建议，我们何不伪装成泫氏关的守军，混入城中，探查一番？"

白起听后，微微一笑："如果事情这么简单就好了。据我所知，泫氏关的守军是由赵葱领导的，而兵甲粮草场的驻军则是由赵奢指挥的，他们之间没有直接的从属关系。即便我们能混进去，恐怕也难以得到真实情况。"

随着天色渐亮，王龁指挥的步兵因为参与了泫氏关的突袭战，现在心急如焚，急于立刻占领此地。然而，白起将军并没有急于下令攻击，他清楚地知道城东北有上党的大军驻守，一旦轻率行动，可能会带来严重的后果。因此，在攻城之前，他已经派遣蒙骜带领一小队轻骑兵前往郡邑侦察敌情。

蒙骜如人所愿，在次日清晨带回了关键的情报："上党的赵军数量庞大，总数达到了数万，其中当地驻军有1万多人。至于'胡刀骑士'和步兵，则是最近由将领赵葱率领而来，他们的目标是在上党建立防御线，但目前布防工作还未完成。"

第六章 所向披靡

听到这一消息，白起感到非常意外。魏、韩、赵三国在上党地区都有一定的势力，但赵军的数量远远超出了他的预期。显而易见，赵国已经在西线大大增强了对秦国的防御。面对这种情况，是否还应该继续上党的战斗？现在战事已是一触即发，没有回头路。

白起思考了一会儿，目光坚定地转向王龁："我给你一个时辰，能否攻占那个粮仓？"

王龁轻蔑地笑了笑："三万士兵，即使只是用人数优势，也能轻易将其摧毁。"

但白起摇了摇头："不是三万，我只给你三千兵力，必须迅速解决战斗！"

王龁领命后，迅速组织部队，像猛虎一样冲向光狼城。

随着天空逐渐露出了鱼肚白，驻守粮草场的赵军由于在夜间感觉到了异常，一大早就登上城墙，做好了严密的防御准备，如同一群警觉的猎豹，随时准备应对可能到来的风暴。王龁一声令下，攻城战立刻打响，战鼓和号角的声音震天动地，秦军的 10 个攻击方阵中的弓箭手们如同密集的乌云，向城墙上的赵军射出了如暴风雨般的箭雨，每一支箭都带着致命的气息，直扑城墙和箭楼。同时，另外 10 个方阵保护着冲车和云梯，像钢铁洪流一样，缓慢但坚定地向城墙靠近，每一次冲车撞击城门，都似乎是在宣示秦军的坚定决心。

白起将军预计城内的守军不超过 500 人，因此集结了 2 万多名步兵、2000 多名轻骑兵和 1000 多名"铁鹰锐士"，齐聚在城下，形成了一片黑色的海洋。秦军从战旗到军装，再到铠甲，全部是黑色，这让赵军的守将一时间难以判断秦军的实际人数，心中不禁生出了几分恐惧。

秦军的第一波攻击如潮水般汹涌而来，攻击结束后，白起对王龁微笑了一下，说："这里就交给你了，本帅还有更重要的事要处理。"说完，他就带着主力部队向东进发，行踪如同神龙见首不见尾。

王龁接管了指挥权，继续发起攻势，不到半个时辰，3000多名秦军就像山洪暴发一样，涌入了这座神秘的小城，好似一群饥饿的狼终于找到了它们的猎物。

在上党郡邑，赵葱接到了战报："秦军昨夜突袭了泫氏关，守关的士兵溃不成军，光狼城也已经落入敌手。"赵葱听后，既惊讶又怀疑，急忙询问："秦军有多少人？主将是谁？"

"秦军有数万人，据光狼城的败兵说，主将是那个'杀神'白起。"

"什么？白起！"赵葱一脸难以置信，这位"杀神"不是刚刚从魏国都城大梁附近撤军吗？怎么这么快就出现在了上党？难道是神兵天降？虽然心中充满了疑惑，但赵葱不敢有丝毫懈怠，立刻带领数万援军，急速赶往光狼城。

在丹水的西岸，白起已经筑起了一道坚固的防线。两军都是各自国家军队中的精英，他们的相遇就像是两场强大的风暴相撞。秦军的将领一挥长剑，士兵们就像潮水一样涌出；赵军也毫不逊色，以攻击阵型迎战。在激烈的战斗中，尽管秦军在战斗力上略胜一筹，但在人数上并不占优势。经过一番激战，双方都有伤亡，就像两群野兽在争夺领土，都付出了巨大的代价。

当天夜晚，白起与王龁、方洛、蒙骜等将领聚集在一起，讨论防御策略和战术。王龁提出建议："两军如果正面交锋，除非实力差距很大，否则难免会造成较大的伤亡。既能减少伤亡，又能有效地进行防御的最简单方法，就是避免战斗。"

方洛和蒙骜听了之后，都点头表示同意。白起虽然不擅长防守战，也不愿意被动防守，但当时也没有更好的策略，于是决定尝试王龁的"不战"策略，看看是否能在这场残酷的战争中找到一条更明智的道路。

第二天清晨，赵葱将军满怀信心，指挥着近半数的部队，大张旗鼓地渡过丹水，直奔秦军的防线。白起将军站在高高的指挥台上，冷静地观察着局势，他的脑海中回想起"伊阙之战"中的精妙一幕：让前线的士兵利用地形进行抵抗，吸引敌军的主力。于是，他迅速下达了命令："按照计划行动，让两路秦军分别突袭大、小东仓，迫使赵葱投入更多兵力。我们要利用河谷的地形，将赵军分割成两部分，然后分别击破。但关键是，必须首先将赵军的主力吸引到光狼城东面的丹水防线上来。"

赵葱观察到秦军没有列阵迎战，认为有机会突破，于是决定向丹水西岸增派兵力，希望能够一举突破秦军的防线，夺回光狼城，并将秦军逼退至沁水以西。但是，经过整天的激烈战斗，直到夜幕降临，赵葱的部队仍未能取得任何突破，最终只能无奈地命令部队撤退。就在赵军撤退的时候，蒙骜的轻骑兵和方洛的"铁鹰锐士"按照白起的精心安排，已经悄然向丹水东边的谷地发起了攻击。

面对这一突发情况，赵葱大惊失色，迅速命令"胡刀骑士"准备反击。幸运的是，秦军在进行了一番骚扰后迅速撤退，"胡刀骑士"担心有埋伏，没有贸然追击。

第二天，赵葱调整了战术，只留下少量部队在丹水西岸与秦军对峙，而将主力转移到百里石一带，并安排"胡刀骑士"守卫谷地，以防止秦军的再次突袭。白起看到赵军不再急于进攻，心中稍感宽慰。他以光狼堡作为基地，不断派兵骚扰蔺城、祈城等地，并很快成功占领了这两座城市。

此外，白起还计划将光狼城建设为秦军的补给站，为接下来对赵国的军事行动提供坚实的后勤支持。然而，就在他制定好改建计划，准备上报秦昭襄王时，却意外地收到了撤军的命令。这道命令让他感到非常困惑，但君命难违，他只能忍痛放弃了光狼城以及在上党地区所占领的土地。

渑池会盟

赵惠文王在治理国家方面表现出了卓越的才干，他不仅成功地征服北方的胡人，确保了边境的稳定，还加强与燕国的联盟，有效遏制了齐国的复兴。这一连串的成功使赵国迅速崛起，成为与齐国、楚国并列的强国，能够与秦国抗衡。因此，秦国向东扩张的计划受到了赵国的有力阻碍。

第六章 所向披靡

然而，秦昭襄王是一个头脑非常清醒的统治者。他身边有国相魏冉这位精明能干的助手为他提供策略，使他对天下形势有着准确的把握。在白起进攻上党之前，魏冉就深思熟虑地建议白起只能进行试探性攻击。而秦昭襄王则表现得较为激进，他命令白起全力以赴，相信以白起的勇猛，即便不能彻底击败赵国，至少也能攻下上党。

魏冉认为与赵国全面开战的时机还不成熟。在齐国、楚国受到重创后，秦国与赵国已成为天下两大强国。如果两国陷入无止境的战争，齐、楚甚至韩国都可能趁机复兴，这将使秦国统一天下的道路变得更加曲折和复杂。

秦昭襄王对魏冉这位国舅既尊敬又有所忌惮。在处理军国大事时，除了征求宣太后的意见，魏冉的建议也是他重要的参考。因此，这次决定让白起从上党撤军，显然是三位掌权者共同讨论的结果。秦昭襄王显然有意与赵惠文王重新进行和谈，探讨两个强国如何合作以控制天下局势。

考虑到楚怀王的前车之鉴，大将廉颇反对赵惠文王赴约。秦昭襄王见赵惠文王迟迟没有回应，便派使者带着国书，恭敬地交给赵惠文王，并等待回复。国书中提到，秦王听说赵王得到了一块无价之宝——和氏璧，愿意用河东的15座城池来交换。

赵惠文王阅读完秦王的国书后，心中产生了疑问：秦王一向以品行端正和反对奢侈闻名，怎么会突然对一块玉石表现出如此大的兴趣？

使者看到赵王的疑惑，轻轻一笑，解释说："每个人都有自己的喜好，何况太后一直对玉石十分钟爱，尤其是听说和氏璧来自楚国，她自然特别关注。我们大王愿意用城池来交换这块宝玉，实际上是为了向太后表示孝心。"

赵惠文王听了之后，沉思了一会儿，回答说："和氏璧是赵国的国宝，这件事我需要和大臣们商议后才能决定。"

于是，赵惠文王暂时对秦国使者的请求不予回应，而是召集重要的臣子们来商讨对策。廉颇首先发言："老臣认为，尽管秦国的军事力量强大，但短期内也对我们赵国无可奈何。他们可能是想通过外交手段来试探我们，迫使我们屈服。大王不应气馁，不必理会秦国的无理要求。"

赵奢接着说："如果我们赵国对此不予理会，天下人可能会认为我们害怕秦国，不敢与他们结盟。但如果我们交出和氏璧，考虑到秦王过去不守信用的行为，他肯定也不会交出15座城池。而且，秦国已经从上党撤军，如果我们现在拒绝结盟，就会给秦国发动战争的借口。到那时，其他诸侯国可能也不会支持我们赵国。真是进退两难！"

赵葱也愤愤不平地表示："秦王不仅在军事上狡猾，还喜欢玩弄外交手段，软硬兼施，实在可恨。我认为，如果秦国想打仗，我们这些武将可以迎战；现在秦国想搞外交，那大王就应该派一个既有智慧又有勇气的文士去应对。"

颜聚和其他武将也表示同意："是的，大王如果想打仗，就派我们去。但外交事务，还请大王另选贤能。"

赵惠文王知道这些武将不适合这项任务，便让他们退下。

第六章 所向披靡

这时,站在王座旁的宦者令缪贤恭敬地行礼,问道:"不知大王能否允许微臣推荐一个人?"

赵惠文王微笑着问:"是谁?"

缪贤谨慎地回答:"微臣门下的舍人蔺相如,他不仅有深厚的学识,还具备智慧和勇气,能够胜任这项重要的任务。"

赵惠文王内心思索:一个舍人,也就是私人的随从,连正式的官职都没有。让这么一个人担任特使,这听起来似乎有些荒谬。但他也了解缪贤通常不多话,不会无的放矢。在这种时候推荐蔺相如,想必蔺相如必有过人之处。

因此,赵惠文王决定召见蔺相如,亲自进行考核。经过一番询问和观察,赵惠文王对蔺相如的才智和勇气给予了高度评价,并当场任命他为特使,携带和氏璧前往秦国。

秦昭襄王一听说赵国特使蔺相如带着和氏璧来到秦国,非常高兴,立刻在章台宫设宴款待。他笑容满面地说:"听说特使带来了和氏璧,快让我看看这宝贝!"

蔺相如看到秦昭襄王如此轻浮,心中有些沉重,但他仍然恭敬地献上了和氏璧。秦昭襄王接过和氏璧,看到它晶莹剔透,心中非常高兴,又把它传给他的妻妾和随从们观看。

蔺相如观察着秦王的一举一动,心中快速思考。他走上前,行了一个礼,说:"大王只看到了玉璧的光泽,却没有看到它的瑕疵。请允许我为大王指出来。"

秦昭襄王听后惊讶地说:"这宝玉还有瑕疵?"

蔺相如趁机收回和氏璧,退后几步,靠在柱子上,大声说:

125

"大王可知道卞和献璧的故事？当初和氏为了保护这块宝玉，一滴血溅在了玉上，使得这玉璧在白绿之间多了一丝红光。现在我蔺相如，愿意效仿和氏，用生命来保护这块宝玉。大王如果想要这块宝玉，应该正式写信给赵王。赵王和大臣们商议时，大家都认为秦国贪婪，想用空话骗取宝玉，城池恐怕是得不到的。因此，赵王本来不打算把宝玉交给秦国。但我认为，即使是平民百姓也不会相互欺骗，更何况是大国之间。为了一块宝玉而惹怒邻国，这是不明智的。于是，赵王斋戒了5天，派我带着宝玉和国书，恭敬地来到秦国。这是为了表示对大国的尊重。但是，现在我来到秦国，看到大王的态度如此傲慢，得到宝玉后，又随意传给内侍和美人玩弄，这是对天下名器的轻慢，也是对我的戏弄。我看出大王并没有用15座城池来交换宝玉的诚意，所以我必须收回宝玉。如果大王再逼迫我，我今天就和这块宝玉一起撞碎在这柱子上！"

说完，蔺相如手持和氏璧，眼睛斜视着柱子，做出要撞击的姿势。

秦昭襄王害怕蔺相如真的会撞碎和氏璧，便急忙向他道歉，并迅速命令书吏展开一幅羊皮地图，指着地图说："我将河东的15座城邑割让给赵国。"

蔺相如看出秦昭襄王只是在做表面文章，于是从容回应："和氏璧是天下公认的宝物。赵王在送宝玉之前斋戒了5天。现在大王也应该斋戒5天，并在殿堂上举行九宾大典，我才会献上宝玉。"

第六章 所向披靡

秦昭襄王知道这件事不能强求，于是同意斋戒5天，并邀请蔺相如及其随从住在广成驿舍。

蔺相如在驿舍安顿下来后，开始思考如何摆脱困境。他预测秦昭襄王虽然表面上答应斋戒，但最终不会履行承诺交出城池。因此，他从随行的"胡刀骑士"中挑选了3名精干之人，让他们仿效先王赵武灵王的做法，乔装成商人，暗中将和氏璧带回赵国。

5天后，秦昭襄王在殿堂上举行了隆重的九宾大典，随后派人邀请蔺相如。蔺相如镇定地乘车来到章台宫，对秦昭襄王说："秦国自穆公以来的历代君主，没有一个是真正遵守盟约的。我担心被大王欺骗，无法向赵王交代，因此已经派人带着宝璧从小路返回赵国。如果大王真的愿意用15座城池来交换，请立即派出特使与我一同前往河东。赵国一旦接管15城，我将立刻献上和氏璧。在秦强赵弱的形势下，赵国并不想得罪秦国，更不愿意因一块宝玉而欺骗秦国，成为天下的笑柄。我明白欺骗大王是死罪，我愿意接受烹刑。只希望大王和诸位大臣深思熟虑。"

大殿内一时寂静无声，秦昭襄王和大臣们相互对视，都被蔺相如的镇定自若和勇于自请极刑的精神所震撼。突然，秦昭襄王大笑起来："蔺相如果然非凡！若我杀了你，终究得不到和氏璧，还会破坏秦、赵两国的关系，何苦呢？我要好好款待你，送你回赵国。赵王怎会为了一块宝玉而欺骗秦国？"说完，他便独自离开了。

蔺相如回到赵国后名声大震,"完璧归赵"的故事也迅速传开。赵惠文王对蔺相如的智慧和勇气大加赞赏,下令封他为上大夫,负责国家的外交事务。

秦、赵两国间关于城池的割让与和氏璧的交换并未实现,然而在谈判桌上的较量仍在继续。秦昭襄王虽机关算尽,却未能得偿所愿,自然不愿就此罢休。因此,他以双方应从上党撤军为由,向赵惠文王提议进行会盟。

赵惠文王心如明镜,明白秦昭襄王提出会盟的理由并不成立。当初三家分晋时,上党的大部分城邑已归韩国所有。由于魏国控制了河内地区,而上党有一条狭长的通道与河内相连,因此这条通道便归魏国所有。后来,赵国也逐步将势力扩展至上党。韩、魏、赵三国在上党都拥有自己的地盘,上党可以说是河东的"枢纽",而与秦国并无直接关联。现在,秦国已经占据了河东,又有望蜀之利,便开始对上党产生了浓厚的兴趣。白起尝试了一次军事行动,认为有很大的机会。为了避免秦国成为众矢之的,秦昭襄王打算将上党的争端转移到谈判桌上。这一策略无疑给赵惠文王带来了不小的困扰。他召集了文武官员,专门讨论与秦国会盟的事宜。

大将军廉颇和国尉许历都持反对意见,不愿参加会盟。然而,平原君赵胜和大夫蔺相如认为不应该拒绝会盟。蔺相如的态度尤其坚决:秦国在军事上尚不退让,在外交上怎能退缩?

经过深思熟虑,赵惠文王决定接受会盟的邀请,但向秦国提出了一个额外的条件:会盟地点必须选在第三国,并由第三

第六章 所向披靡

国的君主共同参与。秦昭襄王于是派王稽与蔺相如进行协商，最终决定在西河外的韩地渑池举行会盟，时间定在八月中秋，并邀请韩釐王共同参与。

在中秋节前夕，赵惠文王与蔺相如一同出发。大将军廉颇满怀忧虑，一路护送至边境。临别时，他严肃地对赵惠文王说："大王此次出行，预计1个月内就会返回。如果1个月后大王还未回来，我将大胆建议立太子为王，以断绝秦国对赵国的非分之想。"赵惠文王面色凝重，默默地点头，表示同意。

秦昭襄王的出行队伍极为壮观，上千名禁军和"铁鹰锐士"并肩行进，旗帜飘扬，鼓角齐鸣，军队强大，马匹健壮，气势磅礴，令人生畏。

韩釐王的车驾慢慢进入渑池时，发现这里已经变成了一片军营的海洋，秦、赵两军已经安营扎寨，形成对峙之势。韩釐王本想尽地主之谊，提前迎接两位国王，希望通过这次会盟的机会向秦王示好，跻身秦、赵两大势力的核心。但秦昭襄王已经先到一步，对他态度冷淡，让他的热情难以为继，只好放弃。直到赵惠文王到来，他的脸上才重新露出了喜悦的表情。

夜晚来临，韩釐王特别为赵惠文王举行了接风宴，两人在席间畅饮交谈，笑声中透出深厚的兄弟情谊，韩釐王感动得热泪盈眶。他们还深入讨论了会盟中可能出现的各种情况。

实际上，这次会盟并没有涉及太多实质性的问题，如果真的要算，那就是秦国要求赵国从上党地区撤军。当时，三晋都在上党有驻军，赵国更是重兵把守，这无疑是对秦国的直接挑衅，让秦昭襄王如坐针毡。如果赵国不主动撤军，他已经准备让白起再次领军出征。

秦、赵两国达成协议后，举行了一场庄严而正式的会盟仪式，由韩国主持。为确保秦、赵两国地位平等，会议中避免了所有可能引发次序争议的称呼，统一用"两王"来尊称；大营特别设立了两道辕门，两王并肩步入，显示平等的友谊。第二天清晨，黄河南岸的秦、赵、韩三国营地，号角声响起，宣告了这一历史性时刻的到来。当两王缓缓走进大营，韩王登台高呼，音乐随之响起，昭告天下，礼仪庄重而热烈。仪式结束后，两王相视一笑，携手走进大帐，盛大的宴会随即开始。

宴会上，韩釐王情绪高涨，起身举杯，热情洋溢地说："作为东道主，我先敬两位大王一杯。"赵惠文王正想举杯回应时，秦昭襄王却笑着说："看来三晋之地，魏惠王的遗风还在，都还有盟主之梦。这本是共同的盛事，怎么却显得像是东道主在主持盟会？"这话一出口，韩王立刻感到尴尬，不知所措。赵惠文王明白秦昭襄王这是在戏弄韩王，进而嘲讽三晋，但他一时语塞，脸上涨得通红。这时，蔺相如站了出来，向秦昭襄王行礼，镇定地说："这次会盟虽然是赵国提出的，但也是得到了秦王的同意。秦王正值壮年，怎么记性这么差？另外，韩王作为一国之君，不惜降低身份，亲自主持仪式，秦王不但不感激他的良苦用心，反而出言讽刺，这恐怕有失大国的风范。"

秦昭襄王被蔺相如这番话弄得无话可说，虽然心里不高兴，但表面上还是强颜欢笑，举杯说："不过是几句玩笑话，上大夫

第六章　所向披靡

何必当真？来，我们干杯。"

酒过三巡，秦昭襄王突然说："我听说赵王的琴艺非凡，何不弹奏一曲，为宴会增色？"赵惠文王没有多想，欣然同意，随即弹奏了一曲《大雅·行苇》。琴声悠扬，众人都赞叹赵惠文王的琴艺高超。然而，秦昭襄王的史官突然站起来，大声宣布："秦王二十八年八月十五，秦王与赵王共饮，命赵王弹琴。"这话一出，赵国的大臣们一片哗然，赵惠文王心中懊悔，却一时想不出如何应对。

这时，蔺相如再次站出来，拿起一个陶盆，走到秦昭襄王面前，恭敬地说："听说大王喜欢秦腔，擅长击缶，特此献上这个盆缶，请大王击缶，与大家同乐。"秦昭襄王听后大怒，斥责道："胡说！我哪有这种爱好？你简直是在胡言乱语！"他万万没想到，蔺相如竟敢这样回敬他。

蔺相如没有退缩，上前一步，大声说："大王如果不击缶，我五步之内，必血溅大王之身！"秦昭襄王虽然心里恼怒，但也无计可施，只好勉强击打了几下缶。蔺相如立刻举起盆缶，高声宣布："赵王二十年八月十五，秦王为赵王击缶。"

秦长史王稽见状，忙向赵惠文王拱手说："秦赵友好，应当用实际的行动向天下展示。我王即将过生日，我请求赵国以15城为秦王祝寿，如何？"赵惠文王听后大吃一惊。蔺相如赶紧向他使眼色，示意他不要说话。过了一会儿，蔺相如从容地拱手，对秦昭襄王说："礼尚往来。赵王的生日就在下个月，我请求以咸阳一城为赵王祝寿，如何？"

秦国的君臣听了这话，虽然心里不高兴，但也无话可说，王稽更是懊恼。会盟圆满结束后，赵惠文王对蔺相如的外交手腕和政治智慧大加赞赏，特别封他为上卿，与平原君一同执掌相权。

在随后的1年里，秦昭襄王决定派遣他的次子、安国君嬴柱去赵国做人质。这一结盟举动使得秦、赵两国在接下来的七八年中都未发生战争，使得两国边境地区呈现出了和平与安宁的景象，百姓也因此享受到了一段时间的安定。

第七章　武安侯

鄢郢之战

在秦、赵两国关系时紧时缓、暗潮涌动的时期，楚顷襄王，这位一向沉溺于舒适和享乐的君主，却被一位射雕人意外激发了内在的斗志。

楚顷襄王十八年（前281）的一天，阳光明媚，楚顷襄王正在享受一个宁静的下午，突然有侍从急忙来报，说有一位射雕人请求觐见。楚顷襄王虽然感到意外，但强烈的好奇心促使他决定接见这位神秘的射雕人。

"你真的能一箭射中那些在天空中翱翔的雕吗？"楚顷襄王一见到射雕人，就急切地问，眼中充满了好奇。

射雕人微笑着，镇定地回答："雕虽小，但并非我箭下最难以对付的目标。以大王的智慧，应当以圣人为弓、以勇士为箭，对准秦、齐、魏等大国，展开宏伟的蓝图，安抚百姓，最终面南称王，建立不朽的功业。"

楚顷襄王听后，无奈地笑了笑，摇头说："楚人早已对秦军的威力感到恐惧，现在仍然处处受制于秦国，孤立无援，谈何称王？"

然而射雕人并未气馁，他激昂地说："大王不必忧虑，楚国地域广阔，土地纵横5000里，有百万雄兵，实力依然强大，足

第七章 武安侯

以在中原与各国一争高下。"

楚顷襄王听了这番话，内心不禁热血沸腾，于是决定派遣使者与各诸侯国联络，共同策划联合伐秦的宏伟计划。

秦昭襄王听到这个消息后，感到非常愤怒，他本想命令白起带领军队去攻打楚国。但是，由于当时秦国正试图同赵国结盟，如果结盟失败，战争就会爆发，白起的军队在这种情况下难以被调动。因此，秦昭襄王转而命令经验丰富的老将军司马错带领陇西和蜀郡的军队去征讨楚国。

司马错虽然年事已高，但依然精力充沛，勇猛地承担起了指挥的责任。他迅速攻占了楚国的黔中郡，然后利用胜利的势头继续向南推进。面对秦军的猛烈攻势，楚国被迫割让上庸和汉水以北的地区给秦国，希望能够暂时停止战争。

在渑池会盟结束之后，秦昭襄王下达的命令像一声惊雷，让白起感到震惊——消灭楚国。这听起来几乎是不可能的事情。然而，面对君主的命令，白起虽然心中充满了疑虑，但也只能开始准备攻打楚国的战争计划。

白起费尽心思，力图在错综复杂的地形图中寻找通往胜利的路径，却一直像是在雾中航行一样，无法找到明确的方向。在与将军府的参谋们讨论后，依旧没有得到任何结果。心中的郁闷如同一块大石头压在他的胸口，让他感到窒息。于是，他决定离开将军府，沿着一条僻静的小路散步，希望借清风吹散心中的阴霾。

他的脚步不自觉地引领他前行，直到一个熟悉的转角，他突然抬起头，发现自己正站在通往司马老将军家的路口。他灵机一动，决定去拜访这位老战友，希望能够获得一些启发。

走进熟悉的庭院，一种温馨的感觉扑面而来。他正沉浸在回忆中，一个坚定而深沉的声音打断了他的思绪："公孙公子，是什么风把你吹到这儿来的？"白起闻声看去，只见司马错将军正带着微笑迎接他。白起立刻上前致意，两人边聊边走进了屋内。

白起直截了当地说："我接到了王上的命令，要出征灭楚。根据您的了解，对比秦国和楚国的国力和民力，我们有胜算吗？"

司马错摇了摇头，叹了口气说："楚国幅员辽阔，人口众多、战车众多、马匹众多，粮食储备充足，足以支持长达10年的战争。一旦战争爆发，他们可以迅速集结百万大军。如果没有长期的准备就想要灭亡楚国，几乎是不可能的。"

听到司马错的看法与自己一致，白起接着问："那如果我们必须要灭楚，我们应该采取什么样的攻击方式和路线呢？"

司马错沉思着说："秦国和楚国之间的战争已经持续了很长时间，通常的进攻路线不是通过武关南下，就是经过巴国沿江东进。难道你有什么新的策略？不过，如果选择水路进攻，那就需要强大的水军支持……你不会真的打算用水军去正面对抗楚国的军队吧？"

白起微笑着回应："我并不打算正面硬碰硬。我需要蜀地的军队作为支援，并希望从将军训练的蜀郡水师中抽调3000多名

第七章 武安侯

水兵。"

司马错大方地表示："蜀郡的军事事务已经交给了郡守张若。既然你有王上的命令，你可以直接去找他或者郡司马请求调兵。"

白起进一步询问："将军曾经和楚国的水师交战过，你认为蜀郡的水师和楚国的水师相比，哪个更强？"

司马错思考了一会儿，然后回答："在灵活性和战斗力上，蜀郡的水师并不逊色于楚国。但是楚国的船队装备精良，规模更大，且作战经验更为丰富。"

白起原本希望司马错能成为自己的顾问，但转念一想，这位老将军戎马一生，现在难得清闲，怎么好意思再让他操劳呢？于是，他礼貌地寒暄了几句，便告辞了。

离开司马府后，白起的心中突然变得明朗。他决定采取直接攻击楚国的核心统治区域的策略。经过精心策划，他制定了详细的计划：从蓝田出发，穿越商地，沿着丹水流域出武关，然后顺着汉水南下。这样既可以获取汉水流域丰富的粮食补给，又可以出其不意地进入楚国境内，攻占汉水流域的重要城镇。同时，张若将率领蜀地的军队在西面提供支援，牵制大将庄蹻和西部边境的楚军。一场规模宏大的灭楚之战，即将在白起的精心策划下展开。

破釜沉舟

随着严冬的寂静离去，春日的轻快步伐悄然来临，大自然迎来了复苏的时节。在这个生机勃勃的三月，白起在经历了整个冬季的周密准备之后，终于带领着一支庞大的军队，从蓝田出发，踏上了南征楚国的征途。他们跨越了武关，沿着汉水顺流而下，水陆并进，如同奔腾的龙和跃动的虎，展现出不可阻挡的气势。在短短的5天内，军队便迅速到达了邓邑（今河南漯河市召陵区）的边界。

当士兵们好不容易踏上坚实的地面，白起却下达了一个令人震惊的命令：拆毁桥梁，焚烧所有的船只。当士兵们目睹归途被彻底切断时，心中不禁涌起一种难以言表的哀愁。

司马靳目睹这一切，不禁担忧地对白起说："单独深入敌境，向来是军事上的大忌。更何况我们现在既没有天时，也没有地利，更缺乏人和，这场战斗应该如何进行？"

白起没有直接回应，而是走到了高耸的堤坝上，目光锐利地扫视着士兵们，大声宣布："士兵们，回家的路已经不存在了，除非你们愿意以失败者的身份回去，成为一具冷冰冰的尸体。眼前的邓邑，将是我们首先要攻占的目标。每个人只能携带2天的口粮，如果2天内无法攻下邓邑，你们将不得不挨饿；如果5天内还无法攻克，你们将只能在这里饿死。不想死在这里的，就跟随我一起，勇往直前！最终，你们将带着敌人的头颅和无尽的荣耀，胜利归来！"

白起的这番话如同烈火一般，立刻点燃了士兵们的战斗热情。当天傍晚，秦军已经将邓邑围得水泄不通，如同铁桶一般。第二天清晨，随着一声令下，秦军如同洪水般冲向邓邑，与守

第七章 武安侯

军展开了激烈的战斗。经过数小时的激战,秦军终于成功占领了邓邑。

随后,白起命令掠夺汉水流域的丰富粮草以补充军需,将邓邑作为重要的后勤补给基地。主力部队则像脱缰的野马一样,迅速向南推进,继续他们的伐楚之旅。

午后时分,楚顷襄王与宋玉、唐勒、景差等文人雅士正享受着吟诗作对的乐趣,突然,一名内侍急匆匆地闯入,打破了这份宁静。这位内侍报告说:"大王,秦军数十万逼近边境,邓邑已沦陷!"楚顷襄王听后,脸色大变,立刻召集群臣,商讨对策。

令尹州侯对此不以为然,轻描淡写地说:"邓邑那地方,历来是秦楚争夺的焦点,大王您也未曾特别重视,这次又何必如此紧张?况且去年我们不是已经与秦签订了和平协议吗?为何又突然开战了?"

楚顷襄王严肃地摇了摇头,回答说:"这次秦军的大规模行动毫无预警,显然不只是为了邓邑。诸位,我们必须迅速想出对策,以抵御秦军的侵袭。"

将军景阳站了出来,坚定地说:"现在最重要的是弄清楚秦军此次行动的真正目的。同时,我们应该立即命令我军退守至鄢地,并迅速派遣援军前往。"

柱国景伯语气中带着忧虑接着说:"但是,我们的精锐部队一部分已经随庄蹻远征西南,另一部分则由昭滑指挥,在夷陵(今湖北宜昌市东南)地区阻止蜀军东进。目前能够调动的,只剩下驻扎在淮北的部队了。"

楚顷襄王听后，眉头紧蹙，但很快又放松了，他坚定地说："无论哪里的军队，都要尽快集结，支援鄢城。鄢城是郢都的重要屏障，战略位置至关重要，长期有重兵驻守，且经过多年建设，已成为一座坚固的堡垒。"

水淹鄢城

白起最初的计划非常清晰：他打算让军队轻装快速前进，以出其不意的速度直接攻击鄢城，目的是在楚国的援军到达前迅速占领该城。尽管他的军队以惊人的速度前进，但当他的主力到达时，楚国的首批援军也刚好抵达。虽然白起对此感到失望，但他并没有放弃，而是决定趁敌军尚未完全站稳脚跟时，发起强力攻击。

在战斗的初期，秦军运用了多种传统战术。在白起的指挥下，王龁的部队勇敢地冲在最前线，越过护城河，对城墙发起攻击。在战车的支持下，步兵在河上架桥，向城门发起冲锋。攻城车猛力撞击城门，而投石机则不断向城墙投掷巨石。那些成功过河的士兵迅速搭建云梯，攀爬城墙，与楚军守军展开了激烈的近战。

面对秦军的攻击，楚军的守军并没有退缩，他们勇敢地进行抵抗，箭矢如暴雨般射向敌军。激战了数日，双方都遭受重大伤亡，但鄢城依然坚固，没有被攻破。白起看到直接攻击难以取得进展，于是命令士兵暂时减缓攻击力度。

第七章 武安侯

这时,王龁、王陵、司马靳等将领聚集在主帅的帐篷里,有的请求出战,有的提出策略。他们都知道白起的性格,明白他不会在没有把握的情况下轻易冒险。因此,他们开始思考如何用智谋夺取鄢城。尽管他们已经尝试了引诱敌人出城、夜间突袭、伪装成援军等多种计策,但经过1个多月的时间,鄢城依然坚固,未能被攻克。

在春夏之交,麦田翻滚着金色的麦浪,黍子穗沉甸甸地低垂,正是收获的时节。这一天,白起将军命令方洛带领的精锐铁鹰部队和蒙骜指挥的轻骑兵出发,四处搜集粮食以补充军需。而他本人则独自骑马,悠闲地前往鄢城的西郊,去探查那即将成为战场的土地。

在行进了几十里之后,白起偶遇了一位正在引水灌溉的老农。他的目光越过老农,注意到远处有一条细小的河流,心中不禁生出好奇。于是,他上前询问老农:"那条静静流淌的小溪,它有名字吗?它的水量是否足够灌溉这片高地?"

老农抬头,看到一位全副武装的士兵,心中一惊,但很快恢复了平静,慢慢地回答说:"那条小溪叫做夷水,秋冬时水量不多,春夏则水量丰富。如果雨季持续时间长,河水甚至会溢出河床。"

白起感谢老农后,立刻骑马快速前往夷水。这条河虽然不宽,但由于地势的起伏,水流相当急。看着湍急的河水,白起突然想起了古代智伯用水攻晋阳的故事,心中顿时有了计划:何不效仿古人,用水作为武器?

想到这一点，白起心情豁然开朗，回到营地后，他立即召集将领，亲自带领他们测量夷水与鄢城的相对位置，讨论挖掘渠道和筑坝引水的策略。计划确定后，白起命令一部分士兵准备船只和木筏，另一部分则前往远处挖掘渠道和筑坝，准备蓄水。许多士兵对此感到迷惑，因为船只已经被毁，现在再次准备，难道是要撤退？然而，没有人敢多问，只能遵命执行。

五月的天气对施工来说非常有利，两天阳光明媚，三天细雨绵绵，为工程提供了理想的条件。不到1个月的时间，水渠就已建成，蓄满了水。六月中旬的一个雨后夜晚，天空放晴，星星稀疏，云彩遮住了月亮。白起一声令下，士兵们打开水坝，西山的山谷中传来了巨大的轰鸣声，河水如同脱缰的野马，从北向南奔腾而下，直奔鄢城。

城内的楚军和居民毫无准备，面对突如其来的洪水，他们惊慌失措，无计可施。洪水汹涌澎湃，房屋倒塌，人们无处可逃，只能随波逐流。鄢城瞬间变成了一片泽国，洪水从城的西边涌入，从东边冲出，连续几天，楚军精心布置的防线最终彻底崩溃。

白起带领秦军乘着木船和竹筏，顺着洪水攻入城内。此时的楚军已经无力回天，纷纷投降。这场洪水导致约十万楚国军民丧生。洪水退去后，城内尸体遍布，无人收殓，恶臭冲天，数十里外都能闻到那令人窒息的气味。百姓被水流带走，死在城中，惨状令人不忍目睹。

据《水经注》记载，后人因这场灾难，将那片曾经淹没了数十万生灵、城东恶臭弥漫的地方命名为"臭池"。而那条用于淹没城市的水渠，则被后人永久铭记为"白起渠"。

火烧夷陵

在白起占领鄢城之后，他并没有沉溺于胜利的喜悦之中，而是迅速继续向南推进，目标直指楚国的心脏地带——郢都。正当军队士气高涨，准备一举攻克都城时，一个意外的消息打乱了原定的计划：楚国将领昭滑巧妙地占领了蜀郡的枳城。

这个消息让白起感到意外。根据原先的策略，蜀郡的守将张若应该带领部队通过水陆并进的方式，为白起进攻郢都提供支持。然而，楚军的这一策略不仅阻断了蜀军的东进路线，也让整个秦军对楚的军事行动陷入了危机。白起不得不佩服，楚军中有如此具有战略眼光的指挥官，确实不容轻视。

面对这一突发的军事情况，白起迅速召集将领们，共同商讨对策。经过讨论，大家一致认为，当前的首要任务是救援被困的蜀军，然后利用水、陆两路的优势，合力攻下郢都。

因此，白起立即下达命令，命令伐楚的大军立刻向西进军至夷陵，与张若的蜀军形成配合。同时，张若带领蜀军全力突围枳城，巧妙避开楚国水军的阻截，沿江东下，最终在夷陵与主力部队会合。

在楚国的首都郢都，楚顷襄王近几个月来感到十分痛苦，这种痛苦并非因为前线的战事紧张，而是因为他的大臣们不断劝诫他不要沉溺于宫廷的娱乐之中。当他得知秦军攻占了鄢城却没有继续南下时,他的心情突然变得轻松,正准备寻找乐趣时,柱国景伯急匆匆地进来,带来了一个令人沮丧的消息:昭滑的部队深入敌后,被困在枳城,如果不迅速增援,可能会被秦军切断退路,面临全军覆灭的风险。

听到这个消息,楚顷襄王立刻怒火中烧,大声质问:"去增援?谁去?我吗?"然后又愤怒地问,"派兵?派谁?"景伯被这一连串的问题问得面红耳赤,一时语塞。楚顷襄王看到景伯的样子,也意识到自己有些失态,于是缓和了语气,命令道:"让昭滑撤军,迅速回防郢都。"

景伯领命后愤然离去。

此时,楚军在西部的兵力相对薄弱,白起的先锋部队像秋风扫落叶一样,从鄢城横扫而过,几乎没有遇到任何激烈的抵抗。然而,当他们到达夷陵关时,却遇到了重兵防守。夷陵关地理位置极为重要,它控制着巴夔地区,连接着荆襄,是水上要塞,而且其东边就是楚国先王的宗庙。

尽管驻守夷陵关的军队并非楚军的精锐部队,但白起的先锋部队到达后,并没有急于攻城,而是在城外10余里的地方扎营。

第二天,白起命令王陵等人去考察地形,而他自己则和方洛、司马靳一同前往江边。随着季节的变换,夏日已经过去,秋天来临,周围的景色都染上了秋意。站在江北岸的白起,凝视着滚滚东流的江水,心中充满了感慨。

方洛见此情景,走上前开玩笑说:"将军是不是想作诗了?"白起看了他一眼,自嘲地回应:"就算把我认识的所有字都拼凑

第七章 武安侯

起来,也不够写一篇赋。我来这里是为了观察江水的流动情况,此外……"

方洛接着说:"按照时间来算,张若应该已经顺江而下,比我们更早到达。难道是枳城难以攻破,或者在江峡中遇到了麻烦?"

司马靳打断了他们的对话,说:"左庶长提到的两种可能性都不成立。根据斥侯的报告,攻击枳城的楚将昭滑已经撤退,张若收复枳城应该不成问题;至于在江峡中遇险,现在的江水流动缓慢,不太可能发生意外。"

"既然这样,我们就不等他们了。"白起说道。他原本计划让蜀兵一同参与攻打夷陵关,以此来测试他们的实力,但由于他们无法及时到达,这个计划也只能暂时搁置。

清晨,当第一缕阳光划破夜空,白起已经开始指挥作战,命令王龁和王陵的部队使用六种精练的攻击阵型,像猛虎一样向敌军发起了攻击。白起自己则骑在他的威武战马上,站在高地,目光锐利地监视着战场上的每一个动态。然而,随着时间的流逝,过了半个多时辰,战斗陷入了僵局,没有任何突破。白起眉头紧皱,最终命令王龁和王陵的部队撤退。

傍晚时分,天空被晚霞染成绚丽的色彩,白起和司马靳正就战术问题展开激烈讨论。这时,王陵急忙赶来,打断了他们的争辩,向白起提出了一个可能帮助他们攻破城池的计策。

听到这个提议,白起眼中闪现出期待的光芒,急切地要求王陵说出他的想法。

王陵详细地解释说:"我们可以使用火攻。我在前几天侦察地形时发现,夷陵关的北面有一片茂密的森林,从山崖一直延伸到城内,而且山崖下的城墙较为脆弱。我们可以砍伐山上的枯树,涂上火油,然后从山崖上推下去,用火罐点燃。一旦枯木堆积并点燃,必将引发一场森林大火……"

白起细听着,还没等王陵说完,他就站了起来,坚定地说:"我们立刻去山崖查看。"

这话让王陵和司马靳都感到惊讶。天色已晚,他们需要骑马走10多里路,还要攀登山崖,这无疑是一项艰巨的任务。但既然主帅已经下令,他们只能遵命行事。

3天后的黎明前,夷陵关的西北方向突然爆发冲天的火光,借助秋风的助力,火焰迅速扩散。仅仅一炷香的时间,夷陵关就陷入了熊熊烈火之中。城内的楚军和居民陷入极度恐慌,纷纷逃向东南方向的城门。当他们推开城门时,却发现秦军如同一片黑压压的乌云,已经封锁了他们的逃生之路。大火持续了好几天,夷陵城被烧成了废墟,连楚国王室的祖庙也未能逃过此劫。夷陵被焚毁的消息迅速传开,楚国人民听闻后,心中充满了愤怒和恐惧。楚顷襄王得知这一噩耗,更是悲痛欲绝。

几天后,夷陵城的战火逐渐平息,张若的部队也及时到达。他向白起解释了自己迟到的原因,但白起只是微微一笑,挥手表示不必多说,并提出了一个请求。

张若立刻表示:"将军请讲。"

白起询问:"张大人这次带来了多少船只和水军?"

第七章 武安侯

张若回答:"总共有八百艘船,训练有素的水军超过一万。"

听到这个数字,白起露出了微笑:"张大人的资源真是丰富。我想向你借200艘船和3000名水手,可以吗?"

张若毫不犹豫地同意了。但他随即感到疑惑,自己不是来协助攻打楚国的吗?他的表情变得严肃,问道:"将军,这是要我们撤退,不再攻打楚国了吗?"

白起笑着解释:"张大人,你肩负重任,我怎敢轻易调动蜀郡的全部兵力?你的主要任务是确保蜀南、巫郡、黔中郡的安全,切断楚将庄蹻大军的退路。"

张若坚定地表示:"将军放心,我一定不会让他回到楚国!"

在与张若告别后,白起全力投入到军队的整顿中,为即将到来的郢都之战做着紧张的准备。

郢都,这座位于江汉平原中心的热闹城市,周围地势开阔,几乎没有什么天然屏障可以依赖。江汉平原上河流交错,湖泊星罗棋布,没有船只的帮助,行进的困难难以用语言来形容。白起之所以调动蜀地的军队、水手和船只,并不是要与楚国的水军正面交锋,而是为了在这个水网密布的地方能够自由行动。

随着时间的流逝,秦昭王二十九年(前278)的春天悄然来临。在这个充满生机的季节,白起带领着庞大的军队,通过水路和陆路,直接向楚国的都城郢都进发。消息传来,楚顷襄王感到极度恐慌,迅速召集大臣们商议对策。

柱国景伯满面愁容地说:"郢城的守军仅2万多人,加上1万多名禁卫军,如何能抵抗那凶猛如狼似虎的秦军?自从鄢城之战后，我就主张招募新兵，但……但朝廷的讨论没有达成一致，现在兵力已经耗尽，没有兵力可以调动……"

将军景阳紧接着补充说："边境的守军，每一个士兵都不能轻易调动。一旦某个地方的驻军被调离，那个地方就会成为敌军攻击的目标。而且，即使我们能调集一些兵力来支援，也只是杯水车薪，无济于事。现在，郢城就像砧板上的肉，完全暴露在秦军的视线之下。对于如何抵御秦军的猛烈攻击，我实在是无能为力。"

听到这些话，大臣们相互对视，都感到无计可施。楚顷襄王无奈，只能将求助的目光转向令尹州侯。州侯虽然内心也感到不安，但还是鼓起勇气提出了建议："以楚军目前的实力，与秦军正面冲突，郢都恐怕难以守住。我认为，放弃郢都并迁都才是最佳选择。如果等到秦军兵临城下，再想撤退，可就太晚了。"

楚顷襄王在听到州侯的建议后，认为其言之有理。如果无法战胜秦军，难道还不能撤退吗？楚国疆域宽广，秦军不可能追遍每一寸土地。因此，他果断地拍板："寡人决定听从令尹的提议，迁都！诸位爱卿认为新的都城应选在何处最为适宜？"

但是，景阳急忙提出反对："大王，秦军的先锋部队从夷陵到郢城仅需3个时辰的行军。现在讨论迁都之事，时间上已经不允许了。"

楚顷襄王听后，立刻有了紧迫感，急忙返回后宫收拾贵重物品，准备逃离。

第七章 武安侯

在白起的指挥下，前军将领司马靳带领着1000余名"铁鹰锐士"和3000多名轻骑兵，像狂风暴雨一样迅速前进，与主力部队拉开了距离。而后续部队则全部乘船顺流而下，速度之快，甚至超过了主力部队，显示出秦军的迅猛和高效。

白起估计郢都的楚军兵力大约五万，而郢城的城墙与咸阳类似，都是用黄土夯实的。因此，他认为攻城的难度不会太大，心中已经有了明确的计划。

傍晚时，司马靳率领部队到达郢城下。他骑马来到城南门外3里处的一个斜坡上，仔细观察守军的动态。从远处看，郢都像是一座坚固的堡垒，房屋紧凑，排列有序。厚实的黄土城墙上，几面土黄色的军旗在风中飘扬，十分显眼。然而，奇怪的是，城墙上并没有守军的身影，只有在西北角的土台上，有几个人在活动，显得非常异常。

司马靳感到疑惑，便骑马向北门方向前进。到达北门附近时，他惊讶地发现，有大批人从城内涌出，显然是楚王准备弃城逃跑的迹象。司马靳立刻做出决定，调转马头返回营地，下令吹响号角，并高呼："攻进城去！"刹那间，马蹄声和喊杀声震天动地，秦军如同沙尘暴一般，向城北门席卷而去。

就在司马靳发起攻击的前一刻，楚顷襄王在数百名禁卫军的保护下，仓皇出逃。由于匆忙中迷失了方向，他们在第二天晚上竟然到达了大别山的南坡，结果在这里迷了路，不得不在荒山野岭中度过一夜。直到第二天中午，他们才幸运地遇到了驻守在黾塞三关（武胜关、九里关、平靖关）的楚军。在大臣昭子的建议下，楚顷襄王决定翻越大别山，寻找一个更安全的避难所。

司马靳轻而易举地便控制了鄀都。次日清晨，白起与部队迅速抵达城阳，与此同时，中军的主力部队也成功进入了鄀城。白起步入王宫，毫不犹豫地将火炬投入这座象征着腐败与奢侈的宏伟建筑……没过多久，秦国在这片新征服的土地上建立了南郡，而白起因在战役中的卓越表现被封为武安君，由此跻身历史上的著名将领之列。

第八章 隐患

华阳闪电战

在白起成功占领楚国的郢都并被封为武安君之后,他的战斗精神更加高涨。他带领着秦军,像下山的猛虎一样,不断向东推进,一路势不可当,直至竟陵。就在军队准备对安陆(今湖北云梦县)发起攻击时,秦昭襄王的命令突然而至,如同突如其来的闪电,改变了原有的计划:全军北上,转而攻击魏国。

接到命令的白起,心情复杂,但他迅速接受了这一变化,认为一定是战局有了新的发展,秦王有了新的战略考虑。于是,他立刻下达命令,让已经攻下安陆的前锋部队迅速撤退。原本声势浩大的灭楚计划就这样中断了。然而,对于这一转变,白起并没有感到任何困惑或迟疑,因为这与他和司马错之前的预测相吻合。

实际上,当时的局势确实发生了剧烈的变化:燕国的名将乐毅被解职后,转而投靠了赵国;齐国也趁机复兴;燕国和魏国也分别迎来了新的君主。各国之间的关系因此变得更加微妙和复杂。秦昭襄王敏锐地捕捉到了这一变化,认为再次进军中原的时机已经到来。因此,他开始重新规划,准备再次拓展中原,希望在错综复杂的局势中为秦国争取更大的利益。

自秦昭王三十年(前277)秋季起,白起带领军队胜利返回

第八章 隐患

咸阳。他还没来得及脱下战袍,享受短暂的宁静,秦昭襄王的召唤就紧随其后,将他带到了芷阳宫,参加一次特别的军事讨论会。

白起一走进主殿,就看到秦昭襄王、宣太后和穰侯魏冉已经坐在里面,这显然是一个非正式但非常重要的高层军事会议。

魏冉直接进入主题,坦率地说:"魏国国君新近去世,其子魏圉刚刚继位,王位未稳,齐国就趁机发起了强烈的攻势。大王对中原地区一直有所企图,现在是我们进攻魏国、进入中原的绝佳机会。大王想听听你的意见。"

白起心里明白,在这种场合,通常他们已经有了决定,征求他的意见只是形式上的。于是,他平静地笑了笑,回答说:"大王决策英明,魏国现在正受到齐国和赵国的夹击,我们若此时进攻,魏国就会成为待宰的羔羊。虽然我们不能独占战果,但至少也能分得一份丰富的战利品。只是不知道大王有何战略,打算如何进行攻击?"

宣太后听到这番话,面带微笑地说:"将军总是这么坦率。国君和相国理解你和士兵们长时间征战的辛苦,所以特意让你们回来休息一下,以备不时之需。"

秦昭襄王虽然内心急切地希望尽快进攻魏国,但受到宣太后的话的启发,便顺势说:"攻打楚国的军队虽然战功显赫,但也确实非常疲惫,是时候让他们回来休整了。"

然而,白起一听到"战斗"这个词,就像打了兴奋剂一样,所有的疲惫都消失了。他立即请求出战,誓言要攻打魏国,展现出了他作为一名杰出将领的勇气和决心。

在秦昭王三十一年（前276），白起作为主将，挥师魏国，战无不胜，迅速攻克了2座城池，歼敌超过1万，取得了显著的战果。

到了秦昭王三十二年（前275），相国魏冉亲自出征，而白起则担任副手，两人共同指挥着庞大的军队进攻魏国，直逼其首都大梁。韩国为了援助魏国，派出了大将暴鸢，但他在战斗中阵亡。秦军借此机会乘胜追击，消灭了数万敌军，轻松夺取了启封，迫使魏国向秦国求和。

但是，秦昭襄王对魏国的征服欲望并未因此而减退，他对魏国的灭亡意图已经根深蒂固。因此，秦魏之间的和平并没有维持很长时间。到了秦昭王三十三年（前274），魏冉再次出征，占领了蔡阳等4座城池，使魏国的国土安全再次面临重大威胁。

魏安釐王魏圉面对秦国不断的侵略，感到既愤怒又无助。他知道自己无法与秦国相抗衡，但又无法忍受这种屈辱。于是，他决定将注意力转向韩国这个较为脆弱的邻国，希望通过对韩国的攻击来恢复一些失去的尊严和土地。

第二年，魏国联合赵国一起攻击韩国。韩国国力本就薄弱，难以抵挡两国联军的攻势。韩王焦急万分，急忙派遣使者向秦国求援。然而，秦昭襄王却选择观望，不打算出兵。

随着赵、魏联军逼近华阳，韩国首都新郑岌岌可危。韩王在无奈之下，再次派出年迈的大夫陈筮（《战国策》称田苓）作为使者，向秦国请求援助。陈筮不顾自己病弱的身体，急忙赶往秦国咸阳，首先去见了他的老友魏冉。

第八章 隐患

得知陈筮到访的魏冉意识到韩国的形势已经非常严峻,他迅速到门外迎接。待两人在大堂落座后,魏冉急切地询问:"韩国的情况是否已经十分紧急?您抱恙之身还不远千里而来。"

然而,陈筮的回答出乎意料:"并不急迫。"

魏冉对此感到困惑,随即有些不悦地说:"如果情况不紧急,您也不会特地来访我们国家。"

陈筮微笑着解释:"之前形势紧急,是因为韩国打算坚决抵抗;现在不再那么紧迫,是因为韩王考虑改变立场,投向其他国家。这便是我前来见秦王的原因。"

魏冉立刻领悟了陈筮的言外之意,连忙表示:"您不必再见秦王了,我将即刻请求秦王派兵援助韩国。"

秦昭襄王同样担心韩国倒向其他国家会对秦国产生不利影响,于是立即下令,任命魏冉为主帅、胡伤和白起为副帅,率领大军迅速前往华阳进行救援。

华阳,紧靠韩国首都新郑,是中原地区的重要交通枢纽。若你有意北上,可以利用太行道的便捷,直达赵国的长平,再向东行,赵国的都城邯郸便不远了;若你选择南下,新郑这座韩国的都城近在眼前,继续沿河而下,魏国的疆土也将任你纵横。如果秦、韩两国联合,华阳就如同一把锐利的匕首,深深插入赵、魏两国的腹地,其防御之坚固不言而喻。

然而,世事难料。从秦国的都城咸阳远眺华阳,千里之遥,重峦叠嶂,如同天然的屏障挡在援军和目的地之间。魏冉,这位经验丰富的将领,心中充满了忧虑。他清楚,援军要穿越这些险阻,到达华阳并参与战斗,至少需要25天的时间,这还不包括途中可能遇到的意外。因此,他忧心地说:"赵魏联军与韩军在华阳激战,而华阳离我们秦国有千里之远。如果我们的军队不能在10日内到达,华阳可能会落入敌军手中。"

这时,白起站了出来,自告奋勇:"情况紧急,时间紧迫。请允许我带领先锋部队先行,魏冉将军和胡伤将军则带领主力部队随后跟上。不知这个计划是否可行?"

魏冉听后,微微点头,眼中流露出一丝安慰:"虽然我身为主帅,但年事已高,指挥权就交给你吧。"

白起没有推让,而是直接接受了。他随即对胡伤说:"胡卿,你带领主力部队随后赶来,务必在10日内到达华阳。这次行军每天至少要行进百里,任务艰巨。希望所有的将士们能够夜以继日地赶路,不畏艰辛,为秦国的胜利而努力。"

正当赵、魏联军对华阳发起猛烈攻击时,魏军的统帅芒卯和赵军将领贾偃一听到秦军即将前来援助韩国的消息,内心都不免感到一阵不安。华阳城内的韩军已经筋疲力尽,城池似乎即将被攻破,两人都不想空手而回,因此决定分头行动:芒卯带领魏军去迎战秦军,而贾偃则指挥赵军继续全力攻击华阳。贾偃心中不安,向芒卯质疑道:"秦军士气高涨,你真的有信心抵抗他们吗?"

芒卯曾在白起手下吃过败仗,一直想要复仇。他满怀信心地回答:"我带领着十万精兵,提前在有利地形上设防,以逸待劳,难道还挡不住那些因长途跋涉而疲惫的敌人吗?"于是,

第八章 隐患

他镇定地在秦军前往华阳的必经之路上设置了多层埋伏。然而，他忽视了白起用兵不按常规的特点。

白起指挥方洛带领"铁鹰锐士"，蒙骜指挥轻骑兵，直接切入赵、魏两军之间，然后向南发起攻击。这时，芒卯的伏击阵线还未完全布置好，他急忙向北迎战，与秦军先锋部队形成对峙。

几天后，秦军的主力部队从西侧悄悄绕到魏军背后，芒卯看到这一幕，立刻感到惊慌，急忙准备将主力调往西侧抵抗。就在魏军调动的时候，方洛和蒙骜趁机发起攻击，迅速打乱了芒卯的阵脚。原本有望取得优势的魏军，现在却陷入了混乱，损失惨重。

白起见此情形，立刻命令前军和中军将魏军逼入河谷，并迅速进行围歼。芒卯感到全军覆没的危险近在眼前，于是下令向南突围。但为时已晚，3名魏将被俘，约10万人被杀，芒卯只带着1万多残兵败将逃走。

白起见魏军已经溃败，便没有追击，而是直接率军前往华阳城下，与贾偃的赵军交战。贾偃得知魏军惨败、芒卯撤退的消息后，大惊失色，士气立刻崩溃。他知道自己无法独自支撑，于是急忙撤军向北逃走。白起命令骑兵追击至黄河边，截住了未能过河的数万赵军。方洛面对这突如其来的胜利，不知如何处理，便迅速向白起请示。

白起站在河边，望着湍急的水流，内心充满了矛盾。经过一番挣扎，他终于发出了一个艰难的命令："沉河！"

由于魏军在战斗中遭受了重创，损失巨大，已经没有能力继续战斗。魏国将领段干子根据当前形势，向魏安釐王提出了一个不得已的提议：将南阳地区割让给秦国，以换取暂时的和平。

华阳之战的战火刚刚平息，白起就带领着大军，以不可阻挡之势向魏国发起了进攻。他们连续攻下了卷、蔡阳、长社等重要城镇，并顺势占领了赵国的观津四城，取得了辉煌的战果。之后，白起再次率军围攻大梁，使魏安釐王陷入了绝境。

面对白起的猛烈攻势，魏安釐王感到了无力，最终只得采纳段干子的建议，痛苦地决定将南阳地区割让给秦国，以求得一时的安宁。

秦昭襄王看到这一情况，心中暗自高兴。他原本担心其他诸侯国会联合起来对抗秦国，现在看到魏国主动求和，便顺势接受了南阳地区，并命令白起撤军。之后，他将南阳与之前占领的楚国上庸地区合并，建立了南阳郡，进一步扩大了秦国的版图和影响力。

不是谁都能打胜仗

秦军在中原地区连续数年的征战中屡战屡胜，这使得秦昭襄王的自信心大大增强。他满怀雄心壮志，计划再次与中原的强国赵国正面交锋。但是，这位充满雄心的君主内心也暗藏忧虑：西北的义渠国正遭遇一场罕见的大饥荒，灾民流离失所，时常侵犯秦国边境，抢夺资源以求生存；同时，蜀郡守张若与楚将庄蹻的争夺战正酣，争夺楚国的巴郡和黔中郡的控制权，而齐国在北方也收复了许多失地，逐步恢复了实力。面对这种复杂

第八章　隐患

局势，秦昭襄王决定先听听宣太后的看法。

宣太后因健康问题已久未在咸阳宫处理政务。秦昭襄王亲自前往高泉宫，向宣太后详细说明了自己对魏、赵的征战计划和内心的顾虑。宣太后听后，经过深思，平静地表示："楚王对城池和财富的贪婪，就像他对美色的追求一样无度。但是，土地的广阔并不意味着国家的强大，楚国的威胁目前还不足为患。至于义渠的动荡，对秦国来说，反而是一个机会。过去我们对义渠一直是软硬兼施，现在秦国的东进已经取得了显著的成就，实力大增，有足够的能力彻底收服义渠。"

秦昭襄王听后一愣，确认道："母后是建议我们消灭义渠国吗？"宣太后认真地看了他一眼，没有再说什么。

不久，义渠王收到了一封以宣太后名义发出的信件。信中说道："我们两国早已结盟，理应共同面对困难。现在义渠遭遇了严重的饥荒，人民饥寒交迫，社会动荡不安，这对国家非常不利。秦王想要对狄地的百姓施以恩惠，提供粮食赈灾……不知道大王您怎么看？"义渠王正为国内的灾情烦恼，看到这封信后非常高兴，亲自前往咸阳。

宣太后在高泉宫设宴款待义渠王，重温旧日情谊。然而，在这场宴会上，义渠王却遭遇了不幸，被当场杀害。这一行动无疑为秦国西北边境带来了暂时的平静，也为秦昭襄王未来的征战计划消除了一个障碍。

在准备东征之前，秦昭襄王命白起挑选一支精兵，前往陇东大原进行征战，并对义渠的首都进行了一次出其不意的攻击。

这场战役不仅把义渠并入了秦国的疆域，还为秦国拓展了新的领土，新设立了陇西、北地、上郡三郡，为秦国向西扩张打下了牢固的基础。

消除了义渠这个隐患后，秦昭襄王对攻打赵国的计划更加坚定。因此，他召集了魏冉、白起、胡伤等谋士共同商议战略。在讨论中，魏冉提议首先攻打齐国，以便打通咸阳—陶邑通道。秦昭襄王听后，虽然不太高兴，但考虑到魏冉的立场，没有直接反对。

接着，秦昭王三十六年（前271），魏冉与客卿灶秘密策划攻打齐国，并成功占领了纲、寿两座城市。但是，这一行动引起了刚逃到秦国的魏人范雎的注意。范雎敏锐地发现了机会，向秦昭襄王上书，直陈魏冉攻打齐国实际上是为了扩张自己的私人领地陶邑。

这份上书在秦昭襄王心中引起了巨大的震动。从那时起，他开始逐渐与魏冉保持距离，甚至对白起也产生了一些不满。同时，他开始更多地倚重客卿胡伤，并提升其爵位至中更，以示奖励和信任。这一系列的人事调整，为秦国未来的发展引入了新的变数。

秦昭王三十七年（前270），秦昭襄王再也无法抑制内心的焦虑，决定出兵攻打赵国。然而，出征需要正当的理由，于是他开始在记忆中搜寻，最终找到了一段被遗忘的往事：过去，秦国曾经攻占了赵国的蔺地、离石、祁地三个重要地区，赵国为了求和，提出用焦、黎、牛狐三城进行交换，并派公子郚到

第八章　隐患

秦国做人质,双方因此达成了和解。但是,秦国虽然诚实地归还了这三个地方,赵国却违背了承诺,没有交出三城。

时间流逝,也许连赵惠文王自己都已经忘记了这段往事。秦昭襄王却一直记得这笔旧账,他预料到赵惠文王会否认这一切,不过,他已下定决心,无论赵国是否同意,攻打赵国的决定都不会改变,而这个借口只是为了让秦国的行动更加正当。于是,他派公子缯前往赵国,要求收回那三块土地。

公子缯急忙前往邯郸,请求与赵惠文王会面。正如秦昭襄王所预料的那样,赵惠文王一听到是要翻旧账,就以身体不适为由拒绝见面,只派了大夫郑朱来应对。

公子缯询问郑朱:"我本想见赵王,为何他不愿见我?"

郑朱礼貌地回答:"很抱歉,我们大王身体不适,无法接见您,因此派我来接待。"

公子缯直接说明了来意:"当初赵国提出与秦国交换三城,秦国已经履行了协议,赵国却没有。如果赵国不愿意交换,那就请把蔺地、离石、祁地三城还给秦国。"

郑朱微笑着说:"使者您误会了,蔺地、离石、祁地虽然离赵国较远,离秦国较近,但这些地方本来就是赵国的领土。过去是因为先王的明智和先臣的努力,才保住了这些土地。现在大王不如先王英明,众臣也不如先臣得力,恐怕连国家都难以自保,更不用说收复蔺地、离石、祁地了。所以,请使者转告秦王,这三城本就是赵国的,怎能轻易交给秦国呢?"

公子缯听后非常愤怒,说:"秦国已经不是过去的弱国,赵国虽然强大,但并非不可战胜!赵国这样欺骗秦国,那就只能通过战争来解决了!"

公子缯返回咸阳,将赵王违背协议的事情详细地报告给了秦昭襄王。秦昭襄王听后非常愤怒,说:"赵国实在太过分了,我们必须出兵征讨!"

在初夏的温暖阳光下,胡伤将军带领着一支庞大的军队,数十万大军穿越韩国的上党郡,目标直指赵国。到达上党后,为了迷惑赵军,他巧妙地布下了迷惑阵:一部分军队大张旗鼓地向武安进发,似乎要直接攻击赵国的都城邯郸;而另一部分则秘密地从太行山的西侧北上,计划通过太行山险峻的山道,再向东转,通过名为"滏口"的山口,越过滏山,沿滏水南下,直攻邯郸。

阏与(今山西和顺),这个位于太行山西麓的战略要地,不仅是军事上的要冲,也是连接赵国都城邯郸和陪都晋阳的重要纽带。胡伤,这位经验丰富的老将,曾在白起将军麾下立下赫赫战功,此次作为主帅,他心中充满了决心,誓要在这场战役中取得辉煌的成就。

然而,驻守在阏与的赵军兵力薄弱,不足两万。守将一听到秦军逼近,虽然心中惊慌,但也不敢轻易出战。他一边加强城防,一边紧急向邯郸求援。此时,赵惠文王焦急万分,迅速召集老将廉颇、赵奢、乐乘等人商讨对策。

"秦军围攻阏与,我们该如何是好?"赵惠文王急切地询问廉颇。

第八章　隐患

廉颇将军一向直率，坦白地说："秦军士气正盛，而且阏与路途遥远且险峻，救援难度很大。"

赵惠文王听后沉默了，心中感到一丝不祥。他又询问乐乘，得到的答案与廉颇相同。

这时，赵惠文王心中升起一种不祥的预感。但情况紧急，他只能寄希望于老将赵奢。赵奢环顾四周，镇定地说："阏与是军事要塞，其谷地通道直达都城，绝不能失守。据我所知，秦军主帅胡伤虽然谨慎，但战略布局能力远不及秦国的公孙起，我们不必过于担心。而且，胡伤孤军深入，对阏与的地形不熟悉，阏与地势险要，正如两只老鼠在洞中争斗，勇者胜。我愿意带领一支精兵，与胡伤决一胜负。"

赵惠文王听罢赵奢的话，感到非常高兴，随即任命赵奢为大将军，带领精兵前往阏与进行救援。此时，廉颇也主动提出："我愿意带领一支部队作为赵奢的后援，共同作战。"

赵奢不仅精通兵法，还拥有大量的实战经验。他带领着赵军的十几万士兵，大张旗鼓地从邯郸西门出发，但在行进了仅30多里后，突然下令停止前进，开始安营扎寨。阏与的守将焦急万分，不断派使者前来请求赵奢快速增援。赵奢的士兵们得知后，都急切地想要前往阏与参战。

然而，赵奢表现得非常冷静。他在军中发布了严格的命令，要求所有人严格遵守军规，绝对服从指挥官的命令。他还警告说，任何敢于质疑指挥官决策的人，都将受到军法的严厉惩处。随后，他命令士兵们加强防御工事，做出长期驻扎的假象。赵军的士兵们虽然对赵奢的真实意图感到困惑，但仍然遵命行事。

与此同时，秦军的一部分部队已经到达了邯郸西北的武安城，他们试图通过监视邯郸赵军的行动，来牵制赵军北上援助阏与。秦军在武安城西不远处驻扎，整日击鼓呐喊，制造出巨大的声势，仿佛要将武安城的屋顶都震落。

但秦军的这些虚张声势并没有瞒过赵奢。他决定利用这一点，采取行动迷惑秦军。当军中一名情报官员请求迅速救援武安时，赵奢立即在众人面前将其斩首，以此向全军展示他的决心和战略眼光。赵军坚守营地，似乎打算长期驻守在邯郸的北门，连续10多天都紧闭营门，没有采取任何行动。

得知赵奢带领十几万大军前往阏与增援的消息，胡伤并未感到紧迫。他已经在阏与附近的北山通道部署了数万士兵，准备利用地形优势来抵御赵奢。然而，10多天过去了，赵奢的部队仍未到达阏与。为了摸清赵奢的真正计划，胡伤派出间谍潜入，探查赵军的动向。

秦军的间谍换上赵军的装束，接近赵奢的营地。他们观察到赵军只是在加固防御工事，营门紧闭，没有丝毫出战的意图，因此他们确信赵奢是在施展计谋。但他们并不知道，自己已经落入了赵奢精心布置的陷阱。

赵奢布下这个局，目的是引诱敌人上钩。他命令几名士兵将秦军间谍捕获，并带至中军大帐。赵奢并没有审问他们，而是用丰盛的宴席款待。酒足饭饱之后，赵奢又带他们巡视赵军营地，让他们确信赵军无力支援阏与，因为士兵多为老弱，只

第八章 隐患

能守卫都城附近。之后,赵奢礼貌地将他们送出营地。

秦军间谍带着这些情报迅速返回阏与,向胡伤汇报。胡伤听后非常高兴,认为赵军已经放弃救援阏与,于是下令撤回北山的伏兵,集中力量攻击阏与关。北山上只留了不到1000人进行巡逻,以防止赵军的增援。

然而,胡伤没有料到,这正是赵奢的巧妙计策。赵奢的部队在驻扎28天后,派出的侦察兵终于返回,并向赵奢详细报告了秦军的部署。赵奢心中暗自高兴,知道时机已经成熟。他命令全军准备3天的口粮,隐蔽行动,迅速向阏与进发。

经过两天一夜的行军,赵奢的部队到达了距离阏与50里的地方并扎营,与将领们商议如何破敌。这时,一名叫做许历的士兵请求见赵奢。他建议赵奢:"秦军认为赵军不会出现在这里,如果赵军突然出现,秦军必定会分兵应对。不远处有个山头,战略位置重要,可以控制北上的通道。如果我们能占领这个山头,加强防御,严阵以待,就能占据优势。"尽管许历的建议违反了赵奢之前的命令,但赵奢深知此战的重要性,决定给予他将功补过的机会。

赵奢听后非常认同,表示:"如果这场战斗胜利,将功补过;如果失败,再惩罚也不迟。"于是,他立即接受了许历的建议,派遣上万士兵轻松占领了北山。

胡伤在全力攻打阏与时,突然得知赵奢带领的大军已经迅速到达,并且占领了北山,这让他大为震惊。他不得不将攻城的部队分出一半去对抗赵奢。当他发现北山已经被赵军控制,且赵军主力在山下筑起了防御工事时，他意识到形势严峻，立刻命令秦军发起攻击，并增派部队试图夺回北山。

许历在北山山顶观察，秦军的一举一动尽收眼底。他用旗语向赵奢报告秦军的行动，让赵奢能够及时做出应对。尽管胡伤增加了兵力试图夺回北山，但未能成功。于是，他亲自带领秦军向北山发起攻击。赵奢见秦军阵型已乱，心中暗喜。他亲自带领赵军主力从后方攻击胡伤，使胡伤陷入前后夹击的困境，无法突围。不久，胡伤被箭射中，从马上摔下。赵军士兵见秦军主将落马，纷纷涌上前去。秦军数千轻骑迅速冲过来救援，双方展开了激烈的战斗。兵尉斯离奋力冲入战团，将胡伤救出。

此时，虽然阏与的守军已经筋疲力尽，但一听说赵奢的援军已经占领了北山，并且即将到达城下，士气立刻高涨。他们打开城门，发起了反击。秦军担心被两面夹攻，迅速撤退。赵奢指挥赵军乘胜追击50余里，直到看到两支秦军合流并撤退至魏国境内，才停止追击，收兵返回。

胡伤检阅着他的部队，虽然有些损失，但他仍然相信，依靠现有的兵力，他完全有机会重整军队，再次崛起。他的目光转向了魏国的几个城邑，心中酝酿着一个大胆的计划：利用魏国放松警惕的机会，发动一次快速的突袭，占领这些城邑，以此来弥补之前的失误，恢复自己的威望。

然而，胡伤没有与其他将领商量就自行命令秦军向魏国的城邑进发。他没有预料到，从秦军进入魏国领土的那一刻起，魏军就像猎豹一样，密切关注着秦军的每一个行动，始终保持

第八章　隐患

着高度的警觉。胡伤一开始行动，魏军的紧急求援信就迅速传到了王城。

魏安釐王接到求援信后，迅速做出决策，一方面命令信陵君魏无忌带领精锐部队迅速前往救援，另一方面则派出使者向赵国求援。赵国的将领廉颇原本正准备去支援阏与，但赵惠文王看到魏国的使者来求援，就顺势改派廉颇去援助魏国。

胡伤得知信陵君魏无忌带领魏军前来支援，廉颇也带领赵军来参战，心中大为震惊。他清楚地意识到，以秦军目前的士气和状况，根本无法对抗准备充分的魏国和赵国联军。于是，他立即下令撤退，不再有丝毫犹豫。

然而，廉颇并不是容易对付的对手。他已经在秦军撤退的路线上设下了伏兵，准备给秦军以致命的一击。胡伤心里清楚：秦军刚刚遭遇失败，士气低落，难以抵抗廉颇领导的准备充分的赵军。况且，廉颇经验丰富，足智多谋，如果硬碰硬，可能会有全军覆灭的风险。因此，他指挥大军边战边退，试图尽快离开战场。尽管如此，秦军仍然遭到了赵军的截击，损失极为惨重。

胡伤带着残余的部队逃回国内后，再次清点兵力，发现数十万大军已经损失过半。这场惨败，无疑是秦昭襄王登基以来秦军所遭受的最沉重打击。胡伤心中充满了痛苦，但他也明白，只有从失败中学习，秦军才能在未来再次崛起。

秦昭襄王一得知战败的消息，愤怒之情立刻涌上心头，随即下令将胡伤斩首，以示惩戒。胡伤明白自己作为战败的将领，已经让秦国的威严受损，他愿意接受死刑。但在这个关键时刻，白起站了出来，为胡伤求情。

白起诚恳地对秦昭襄王说："大王请平息怒火！胡伤虽然战败，按军法应当处死，但他曾为秦国立下赫赫战功，这次只是他第一次失败。我们是否可以宽恕他，剥夺他的官职，降为平民，以此作为惩罚？实际上，这次失败并不完全是胡伤的责任。我们对赵国的实力估计不足，胡伤也难以对抗赵奢、廉颇等经验丰富的将领。"

看到白起为胡伤求情，其他大臣们也纷纷加入求情的行列。秦昭襄王内心思考：胡伤确实是他有意提拔的将领，用以制衡包括白起在内的魏冉集团。胡伤的能力可能不足以承担这样的重任，而这次大规模进攻赵国的决定，他自己也有责任。不能将所有的责任都推给胡伤。

因此，秦昭襄王接受了大臣们的建议，解除了胡伤的职务，将他降为平民。与胡伤悲惨的结局形成鲜明对比的是，赵奢因这场战斗声名大噪，威名远播。赵惠文王为了表彰他的卓越战功，特别封他为马服君。就连那名士兵许历，也因这场战斗被提升了好几级，成为军队中的杰出人物。

这场战斗中，秦军损失惨重，遭受了前所未有的羞辱。在秦昭襄王雄心勃勃、全国上下呼声高涨要攻打赵国的时候，这场惨败无疑给秦人的信心带来了沉重的打击。之后的七八年里，秦国都不敢轻易对赵国发动攻击。而各国也在密切关注秦国的行动，已经成为秦国附庸的韩国，不得不重新考虑自己的立场，再次依附在赵国周围。中原的战局依然复杂且充满变数。

第九章 将相

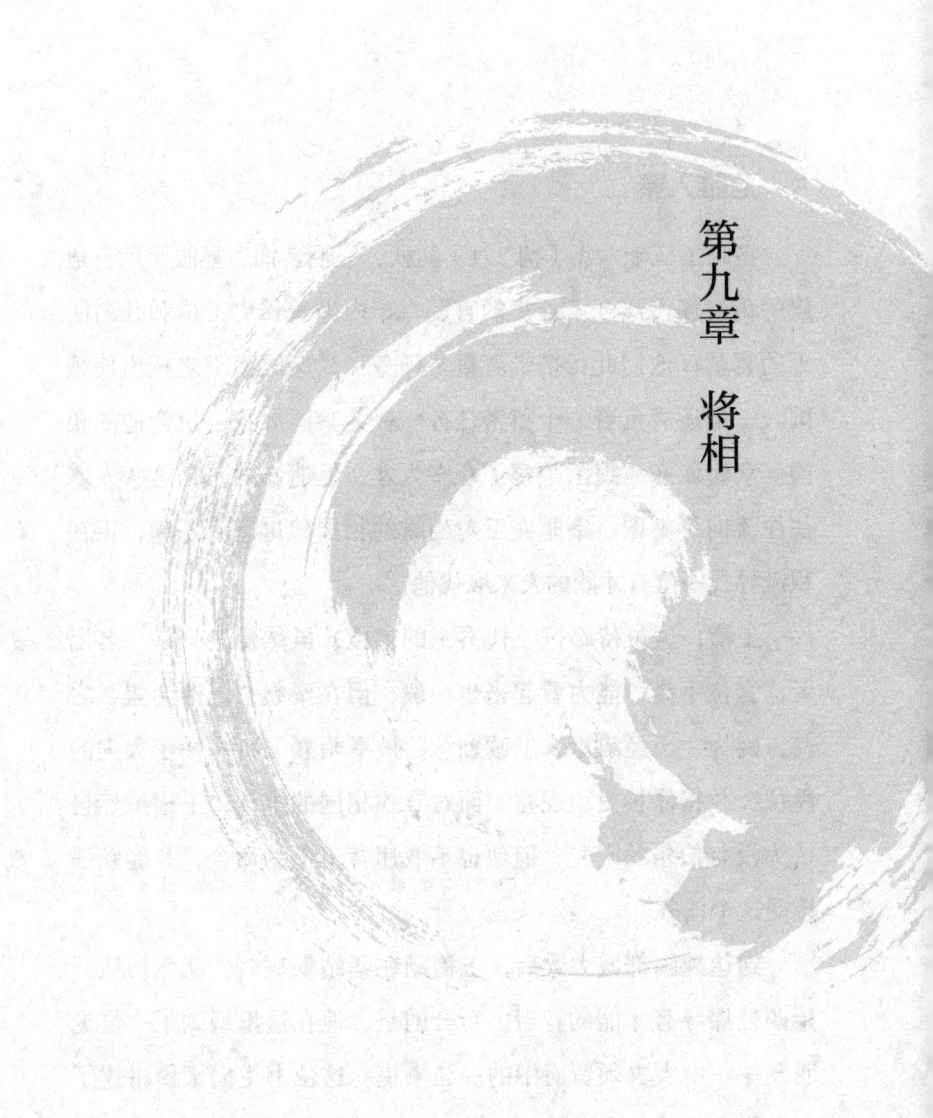

范雎入秦

秦昭王三十六年（前271）初秋，一辆装饰着显眼黑色三角旗的传车慢慢离开了长史的官邸，车内坐着长史王稽和几名能干的官员。他们此行携带着重要任务：受秦昭襄王之托出使魏国。王稽还肩负着一个秘密任务——为秦国寻找一位合适的相国。众所周知，魏国孕育了众多人才，但遗憾的是，这些人才往往流向了秦国。秦昭襄王对当时的相国魏冉感到不满，正在积极寻找一位有才能的人来取代他。

王稽，这位侍奉过三代秦王的老臣，虽然曾经只是一名谒者，官位不高，能力看起来也一般，但在秦赵"渑池会盟"之前，因为"历经艰难，忠诚勤勉"被秦昭襄王特别赐予大夫的爵位，并担任长史。现在，面对寻找相国的重任，王稽虽然自认为没有伯乐的眼光，但他也不敢违背王上的命令，只能勉强接受这个任务。

到达魏国都城大梁后，王稽刚在驿站安顿好，就急切地开始四处探寻有才能的智者。巧合的是，他在这里遇到了一位老朋友——中大夫须贾府中的一名书吏。这位书吏向王稽讲述了一个非常吸引人的故事。

故事的中心人物是须贾府上的一位名叫范雎的门客。范雎

第九章 将相

对法律有深入的研究，并且有着治国安邦的抱负。在须贾的府邸中，他表现出色，常常陪同须贾参加各种社交活动。有一次，须贾被派往齐国执行外交使命，范雎也随同前往。在齐国，须贾的自大激怒了安平君田单，而范雎则巧妙地引用魏国名将吴起的话来缓和了局面，赢得了田单的尊敬。

然而，须贾因此产生了嫉妒，对范雎心生不满。在与齐襄王的会面中，须贾有意让范雎手捧礼物，试图让人误认为范雎仅仅是一个随从。但田单立刻认出了范雎，并向他表示了敬意，这让须贾再次感到尴尬，对范雎的嫉妒和敌意进一步加深。

在齐国的谈判中，范雎以其非凡的智慧和雄辩为魏国赢得了巨大的利益。这进一步激怒了须贾。回到大梁后，须贾向相国魏齐汇报时，不仅夸大范雎所谓的"罪行"，还诬告他私通齐国并接受贿赂。

魏齐听信了须贾的话，非常愤怒，于是设宴对范雎进行审讯。尽管范雎极力辩解，但最终无济于事，被魏齐判处一百棍的重罚，直至昏迷。看守以为范雎已死，便将他丢弃在厕所的一角。然而，范雎在夜色中苏醒过来，用一些黄金贿赂了守卫，得以逃回家中。

听完朋友讲述的这段跌宕起伏的故事，王稽心中产生了波动，急忙询问范雎的下落。朋友却表示，从那以后，范雎就像消失了一样，再也没有任何消息。

回到驿站，王稽的思绪仍然被范雎的故事所占据。他心想，齐襄王是一个英明的君主，田单也是一个与名将乐毅抗衡数年

171

而不败的贤臣。这两位历经战火考验的君主和贤臣，不会轻易重视一个普通人。范雎能够得到他们的认可，必然有其非凡之处。

想到这些，王稽迅速采取行动，命令几名得力的属下前往范雎的住所以及大梁城内的官府和民宅，四处寻找范雎的踪迹。他的直觉告诉他，范雎很可能还活着。他推测，如果范雎真的去世了，家中必定会举行丧礼，不可能没有任何消息传出。

然而，王稽派出的属下在大梁城内搜寻了四五天，却依旧没有找到任何线索。正当王稽为寻找合适的人才而感到焦虑时，一个名叫郑安平的官员主动前来，声称他有一个才华横溢的朋友，愿意推荐给王稽。

王稽同意了会见这个人。但郑安平神秘地说："我的朋友因与人结怨，不敢在白天来见您。"王稽考虑了一下，便提议："那就晚上带他来见我。"

那晚，郑安平如约带着范雎秘密地来见王稽。他向王稽介绍说："这位名叫张禄，他的才干与您所寻找的范雎不相上下。"王稽心中一惊，意识到眼前的张禄实际上就是范雎。他顿时明白，范雎为了逃避魏齐的追捕，特意改名为张禄。

王稽心中暗自高兴，立刻与张禄（范雎）交谈起来。张禄在王稽面前表现得从容不迫，对答如流。他分析天下形势，条理清晰，合情合理；谈论治国和外交策略，也是条理分明，无一不精。王稽听得入迷，对张禄的才华和智慧钦佩至极。

随即，王稽决定带张禄回秦国。他让张禄先到城西的三亭冈等待，自己处理完公事后就一同出发。王稽不敢怠慢，用几天时间迅速完成了外交任务，随即返回。按照约定，他在途经大梁西郊的三亭冈时，顺利地接上了张禄。

远交近攻

秦人偏爱梧桐，这源自一个美丽的传说——凤凰只栖息在梧桐树上。"凤凰鸣矣，于彼高岗；梧桐生矣，于彼朝阳。"这首诗在民间广为流传，使得咸阳城内梧桐树随处可见。特别是在城市的几条主要街道上，梧桐树以其无可比拟的气势，默默地展示着自秦孝公时期以来秦国所建立的准则："宾客郡臣若能提出奇计使秦强大，我将授予高官，并与之分封土地。"魏国的公孙衍来到了秦国，被秦人亲切地称为"犀首"。他在商鞅去世5年后担任大良造，那时秦国尚未设立丞相职位，因此大良造就拥有了军事和政治大权。随后，张仪也来到了秦国，这位魏国人对秦国的最大贡献是破坏了齐国和魏国的联盟以及齐国和楚国的联盟，瓦解了东方六国的联合阵线，使秦国得以从中崛起。与张仪同时代的有影响力的客卿还包括魏章、陈轸、甘茂……这份名单可以拉得很长。最后，不得不提到范雎，这位魏国人在秦昭王三十六年（前271）来到了秦国。

王稽一回到咸阳，就急忙进宫，向秦昭襄王报告他出使魏国的情况，并趁机推荐范雎："臣此次出使，有幸带回了一位才智出众的名士，他名叫张禄，其智慧和谋略不亚于张仪，特此向大王推荐！"秦昭襄王听了之后，却平静地回应道："我所寻求的是能担任国相的杰出人才，孝公时期有商鞅，先王时期有张仪，王兄时期有甘茂……而这些诸侯国的辩士，往往言过其实，危言耸听，既不可靠，也难以承担重任。还是先将他安置在驿馆吧！"

由于秦昭襄王没有立即接见的意愿，王稽也无法勉强，只能回去对范雎说："先生请耐心等待，我们再寻找合适的机会。"

范雎没有其他选择，只能暂时住在驿馆，一边耐心等待，一边思考如何获得秦王的信任。

魏冉领军攻打齐国，且据说已经成功占领了纲、寿两城。而秦昭襄王再次下令，命他从命客卿胡伤领兵攻打赵国，但此次遭遇了重大挫败。范雎以敏锐的洞察力，从这些事件中发现了许多值得深思的问题：秦昭襄王急于攻赵，而魏冉则倾向于稳扎稳打，君臣之间似乎出现了意见分歧；作为军队统帅的白起却保持中立，不偏不倚。更令范雎感到疑惑的是，秦昭襄王对伐赵如此重视，却选择客卿胡伤作为主帅，而非战功赫赫的白起。

范雎将这些看似无关的现象结合起来分析，并结合当时的天下形势，撰写了一份奏书呈递给秦昭襄王。他在奏书中写道：

"臣闻明智之君，必赏有功之人，必用有才之士。臣已在客舍待命一载，若大王认为臣堪用，请早日予以任用；若认为臣不堪用，那么继续留臣在此也是徒劳。

昏君奖赏所宠信之人，惩罚所厌恶之人；而明君则不然，赏罚分明，必施于应得之人。臣非敢以无稽之谈试探大王，臣

第九章 将相

之躯不足以承受刑罚之苦，岂敢以此试君？即使大王因臣之出身而轻视臣，难道也不重视举荐者对臣的保证？臣又闻，周有砥厄，宋有结绿，梁有县藜，楚有和氏之璧，此四宝皆出自泥土，最初被名匠误认为石头，最终却成为稀世之宝。同理，明君所弃之人，安知不能使国家富强？

臣又闻，善于厚家者多取于国库，善于富国者多取于诸侯。天下若有明君，则诸侯不敢专权，何也？因明君善于分散诸侯之权。良医能预知病者之生死，明君能洞察国事之成败，于国有利则行之，有害则舍之，有疑则试之。即便舜禹复生，亦不能改此理。

有些事宜在奏书中难以详尽陈述，而若言之不详又恐怕无法得到大王的重视。恳请大王能拨冗片刻，赐予臣一次觐见的机会。若臣下所言对国家大计毫无益处，臣甘愿接受最为严厉的惩处。"

秦昭襄王原本已将"张禄"这个名字遗忘，但在阅读了这份奏书后，他记起了这位被盛赞为奇才的魏国人。于是，秦昭襄王立刻下令派专车将范雎接到城北的行宫。当时，秦昭襄王正急需一位能干的助手，此人不仅要有担任相国的才能，更要能完全按照他的意愿行事。或许，这位"张禄"正是他所寻找的人选。

范雎终于等到了面见秦王的良机，自然不会错过展示自己的机会。他到达宫门后，故意装作不知情地走进了内宫的通道。恰好秦昭襄王在此时走了出来，随从见状，急忙对范雎喊道：

"大王驾到！"范雎却故意高声回应："秦国何来的大王？这里只有太后和穰侯罢了！"

范雎之所以敢于冒此风险，是因为他清楚秦昭襄王正有意对付相国魏冉。秦昭襄王走近询问情况后，并未发怒，反而拉着范雎的手表示歉意："我早该向你请教，只是由于阏与的战事紧张，一直未能抽出时间。"

秦昭襄王表现出了真诚的意愿。见到秦王的态度，范雎这才慢慢开口道："往昔，吕尚不过是垂钓于水边的渔夫，偶然遇见周文王，经过一番深入的交谈，文王立刻任命他为太师。正是因为他的见解深合文王之意，最终帮助文王统一了天下。

"说到关系亲近，吕尚与文王并无密切交往，却能得到文王的深厚信任，成就了周朝的伟业；箕子、比干虽然与纣王有着血缘关系，却因不被信任而下场悲惨，无法扭转商朝的颓势。

"臣本是异国之臣，与大王的交情尚浅，现在却想要议论大王的家事，实在是有些冒昧。臣本想竭尽忠诚，又担心言之无物，无法拯救国家，言之过深又恐怕大王不信，臣担心会重蹈箕子、比干的覆辙。"

秦昭襄王听到这些话，诚恳地表示："先生何须如此说？寡人正是因为敬佩先生的才能，这才特意请教。先生的建言，寡人一定保密，希望先生能畅所欲言，不必有所顾虑。"

范雎感慨地说："人生在世，谁能不死？臣所害怕的是，臣死后，人们看到臣因忠诚而获罪，于是纷纷闭口不谈，不愿再为秦国出力。现在大王既受太后的制约，又被奸臣所迷惑，深居宫中，被近臣所控制，难以辨别是非。如果这样下去，国家将不复存在，大王也将孤立无援，处于危险之中。"

秦昭襄王听到这番话，恳求道："秦国地处边远，寡人又不够聪明，先生能屈尊来到这里，实在是上天的恩赐，使先王的基业得以延续。能得到先生的教诲，实在是上天命令先生来辅佐寡人，不放弃寡人于危难之中。从今往后，无论是什么事务，上自太后，下至群臣，任何涉及人和事的问题，都希望先生能坦诚相告，不要再谈论信任的问题。"

范雎这才缓缓进入正题，开始触及问题的实质："秦国，拥有天然的地理优势，北有甘泉山和谷口的险关，南有泾河和渭河环绕，西有陇山和蜀道的天险，东有函谷关和肴阪的坚固防线，加上兵力强大、将领勇猛，实在是成就帝王之业的理想之地。然而，闭关自守15年，未曾敢越境一步，不敢进攻山东地区，这背后的真正问题，实际上是穰侯对秦国的忠诚不够，导致大王的决策失误，错失了良机。"

范雎在此刻稍作停顿，敏锐地观察到秦昭襄王脸上的微妙变化，于是巧妙地以穰侯的外交政策为话题，探测秦王的态度。他不急不缓地说道："穰侯跨越韩国和魏国去攻打齐国的纲、寿两地，这一决策并不明智。动用的兵力如果不足，无法对齐国造成实质性的威胁；而兵力如果过多，又可能损害秦国的根本。臣猜测大王可能是想利用少量秦军作为诱饵，引诱韩、魏两国全力出击，但这显然不合常理。明知盟友不可靠，还冒险借道攻打齐国，这就像爬树去捕鱼一样不切实际。过去齐楚之战，齐国虽然取得了大胜，斩杀敌将，占领了大片土地，但最终还是一无所得。难道是齐国不贪图领土吗？不是的，是形势不允许！各国看到齐国内部衰弱，政治不稳，纷纷起兵攻击，最终导致齐国的惨败。齐国之所以失败，是因为它远征楚国，却让韩、魏两国从中渔利。因此，大王应该采取与远方国家交好，而对近邻国家进行攻击的策略。"

"那么，'远交近攻'的策略具体应该如何执行呢？"秦昭襄王感兴趣地询问。

范雎自信地回答："所谓'远交近攻'，就是与远方的国家如齐国等保持良好关系，而将邻近的韩国和魏国作为主要的兼并目标。这样，每夺取一片土地，都是大王疆域的直接扩张，我们要争取每寸土地，不放弃任何一尺土地。"

秦昭襄王听后，大加赞赏："真是高见！"随即任命范雎为客卿，地位仅次于相国，让他参与谋划国家的军事和政治大事，共同规划秦国的未来。

魏冉被除

范雎在被荣耀地封为客卿之后，并没有因此而满足，停止他的步伐，而是继续在朝政的广阔舞台上，充满热情地展示他的政治愿景和军事策略。

在这一天，秦昭襄王热情地邀请了朝中五大夫级别及其以上的文武官员，聚集在咸阳宫，共同参与这一盛会，目的是听取范雎深刻的见解。范雎没有辜负大家的期望，他向在座的所

第九章　将相

有高官显贵行礼致敬，然后清晰地陈述："尊敬的大王、各位大臣，自惠文王以来，已经过去了43个年头。在这段时间里，秦国像下山的猛虎一样，东征西战，不仅从魏国夺取了河内地区，还南下攻占了巴蜀，吞并了楚国的南郡，一时间声名显赫。然而，在辉煌的名声之下却隐藏着暗流，实际情况往往并不像表面上看起来那么完美。赵国的崛起出人意料，秦国在阏与之战中遭遇了严重的失败，而在纲、寿之战中，由于对齐国的轻视，我们再次尝到了失败的苦果。这两场战役，几乎抹去了武安君历经百战所积累的辉煌战绩。

"现在，秦国和赵国的对峙已经成了不可逆转的趋势，我们的军队却遭受了重创，士气低落。如果君主没有远见的策略、军队没有战胜敌人的能力、朝臣没有进取的心态、百姓没有团结的力量，那么秦国这艘大船可能会逐渐倾斜！试想，如果不是孝公、惠文王两代君主打下的坚实基础，如果不是武安君的显赫军威威慑着四方，谁又能保证秦国不会再次被六国联盟封锁在函谷关内，重蹈覆辙？现在的秦国，虽然看起来强大，实际上内部已经空虚，如果不尽快振作，恐怕不出10年，就会有亡国的危险！"

范雎这番言论一出，大殿内立刻响起了一片议论声。所有人都能听出，范雎的话直接指向了穰侯魏冉。毕竟，阏与之战的决策是由秦昭襄王亲自做出的，而攻打齐国纲、寿两地的主张则是由魏冉极力主张的。这场朝堂上的辩论无疑将秦国的未来推向了一个更加微妙的局面。

秦昭襄王没有等待其他人发言，就迅速对范雎的观点表示赞赏，并说道："无人完美，谁能无错？既然已经知道问题所在，又何必担心无法解决？希望先生能慷慨解囊，提供一个有效的解决方案！"

"感谢大王的赞赏！"范雎再次行礼，然后继续解释道，"'远交近攻'，这是一项长期的军事和政治策略。"

将军王龁听后，好奇地询问："'远交近攻'究竟是什么意思？"

范雎微笑着回答："过去武安君在山东征战，攻破城池数百座，斩杀敌军数十万，但六国依然屹立不倒。为什么不能一举消灭它们，为什么不能扩张领土？原因是什么？"

范雎的话虽然有些片面，但秦昭襄王立刻表示赞同，这让在场的众人感到困惑。他们心中暗想：虽然没有灭国，但秦国的领土一直在扩张，新设立的郡县也不在少数，怎能说"无法扩张领土"？这不是否定了秦军将士的辉煌战绩吗？

似乎看穿了众人的疑虑，范雎继续说道："在各国的争斗中，攻破城池就夺取财物，战胜敌人就撤回军队。虽然远征可以巩固本国的领土，但无论怎么打，最终各国仍然各自占据一方。这显然是对白起将军的一种回应。白起将军一直认为，战争实际上是人与人之间的斗争，战争的关键在于消灭敌国的战斗力，而不是争夺城池或占领土地。当敌国无法保护其城池和土地时，自然会轻易放弃。然而，白起将军并不完全同意我的战略观点，因此一直保持沉默。"

第九章 将相

这时，将军王陵大声询问："先生能否更详细地解释一下'远交近攻'策略？"

范雎思考了一会儿，回答说："针对目前的局势，我们应当先与韩国和魏国建立友好关系，以此来威慑楚国和赵国，并迫使齐国与秦国结盟。等到时机成熟，我们再转而消灭韩国和魏国。"

在朝堂上，一时间众人都没有回应。秦昭襄王看到这种情况，迅速接话道："'远交近攻'确实是一个长期的战略，全朝的官员都应该认同。"

秦昭襄王的这番话显然是要阻止其他人提出反对意见。白起看到秦王的态度如此坚定，也不想自找麻烦，于是选择了保持沉默。

秦昭王三十九年（前268）夏，秦军的"近攻"策略就像一把锋利的剑被拔出鞘，首先受到攻击的是魏国。在五大夫绾的英勇领导下，秦军迅速推进，一举占领了怀邑。不久，新年到来，秦国送到魏国作为人质的太子悼因病去世。魏安釐王因为害怕秦国的强大，便以极高的礼仪将太子悼的遗体送回秦国安葬。秦昭襄王则利用这个机会，以太子悼在魏国病逝为由，再次任命五大夫绾为主将，领军攻打魏国，成功占领了邢邱。

虽然在秦军辉煌的战绩中，这2年的胜利可能并不突出，但秦昭襄王将其视为"远交近攻"策略开始见效的证据。因此，他对范雎的信任不断加深，以后凡是遇到重要的军事和政治事务，都会与范雎共同商讨对策。范雎也在秦国朝廷中巩固了自己的地位，并开始规划下一步的宏伟计划：加强王权，削弱贵族的势力，即"固干削枝"。

一天，秦昭襄王邀请范雎进宫商讨国家大事。范雎提前到达大殿，却始终一言不发。秦昭襄王注意到了这一点，心中产生了疑问，于是问范雎为何如此安静。范雎示意秦昭襄王让周围的侍从退下，直到大殿里只剩下他们两人时，他才慢慢开口："非常感谢大王的信任，让我参与到国家的重要事务中，这份恩情我无以为报。但是，尽管我有一些治国的策略，却不敢轻易全部提出。"

秦昭襄王听后，惊讶地问："我已经把建设国家的重任交给了先生，先生既然有使秦国安定的计策，为何现在不说出来，还要等到什么时候呢？"

范雎深深叹了口气，认真地说："大王对我如此厚爱，我怎敢不深思熟虑？只是，我在东方时，只听说过齐国孟尝君的大名，却很少听到齐王的名字；现在我来到秦国，又只听说太后、穰侯、华阳君、高陵君、泾阳君等权贵，却很少听到秦王的名字。这让我感到非常担忧。"

听到这些话，秦昭襄王的脸色变得有些不快。

但范雎没有理会，继续说："现在太后掌控了朝政，毫无顾忌；穰侯出国访问从不向大王汇报；华阳君、泾阳君各自为政，随意判决案件；高陵君任免官员也不请示大王。秦国有了这'四贵'，岂不是很危险吗？以前，崔杼在齐国专权，最终杀害了庄公；李兑在赵国专权，最终饿死了主父。现在秦国的大

第九章 将相

小官员和大王身边的侍从，几乎都是这些人的亲信。我看到大王在朝廷中实际上已经孤立无援，不禁为您感到忧虑。恐怕在您之后，秦国的统治者就不再是您的后代了。"

范雎这番真诚的话让秦昭襄王恍然大悟。他感激地对范雎说："我只遗憾没有早些听到先生的这些忠言！"

得到了秦昭襄王的明确同意和全力支持后，范雎立刻采取行动，如同一股势不可当的力量。他独自一人快步前往城南那座属于白起的宅邸。一到达，他就向白起传达了秦昭王的秘密命令，随后严肃地说："朝中已有多人上书弹劾，指责穰侯轻率地发动了两次战争，导致在阏与损失了近十万兵力，在纲、寿又损失数万，这是秦国百年未遇的耻辱，必须严惩不贷。作为掌握兵权的重臣，武安君对此有何看法？"

白起听后，沉思了许久，最终长叹一声。

范雎见状，继续说道："您与穰侯虽然关系密切，但不能因私情而违背国法，辜负大王的信任。我虽地位不高，但身负王命，不得不直言不讳。"

白起心中清楚，范雎不过是秦王手中的一把利刃，秦王指向哪里范雎就打向哪里。他无法反驳，也无须反驳，好在秦王并没有将他与穰侯视为一伙，只是需要他表明立场。想到这里，他问："那依先生之见，我们该怎么做？"

范雎坚定地回答："执行王法！"

白起又问："可有王令和虎符作为凭证？"

范雎微微一笑，先脱下他的黑色棉袍，再脱去苎麻夹袍，露出了贴身的白色短衣。只见衣服背面缝着一块丝帛，上面清楚地写着秦王的密令。

白起一眼就认出这是秦王的亲笔，于是他撕下丝帛放入怀中，又从范雎手中接过半边虎符，然后骑马直奔军营。

在深夜子时，左庶长蒙骜带领着数千名轻骑兵悄悄进入咸阳，接管了新城君（也就是华阳君）芈戎的巡逻职责。紧接着，1万多名步兵进入城中，替换了城内关键部门、权贵宅邸和官署的守卫。骊山大营的1万多名禁军（包括最初与二五百主司马梗一同调入的1000多名"铁鹰锐士"）被调往蓝田大营，编入了轻骑兵和战车部队。数万名步兵则部署在渭水南岸的训练场附近，准备随时应对突发情况。

第二天清晨，白起在蓝田的临时营帐中宣读了秦王的诏书，并郑重宣布：除非有国君的诏书和兵符同时到达，否则不允许任何人调动军队；返回的大军一旦回到大营，必须立刻返回原部，不得私自离开。

同时，范雎在各位资深官员的府邸间穿梭，逐个宣布了穰侯魏冉的贪污专权行为以及秦王重整法制的诏令。他巧妙地争取了那些长期被"四贵"忽视的资深大臣的支持，为秦王的改革打下了坚实的基础。

秦昭王四十一年（前266），一场政治风暴导致穰侯魏冉、新城君芈戎、高陵君公子悝、泾阳君公子芾等人接到了离开国都的命令，他们各自启程前往自己的封地。魏冉在到达封地陶邑后不久，因心情郁结而去世。宣太后在失去权力的第二年，也就是秦昭王四十二年（前265）十月，也平静地离世，她被安葬在风景如画的骊山东陵。

随着这些变化，秦昭襄王终于完全掌握了朝政大权，他提拔范雎为应侯，并任命他为相国，这一职位甚至高于白起，可以说是极其尊贵，荣耀无比。

范雎，这位具有明显个性的政治家，一直坚持着受恩必报、有怨必还的行为准则。他曾受到长史王稽的大力帮助，也得到了郑安平的全力支持，因此，在秦昭襄王面前，他满怀感激地表达了自己的感谢："我有幸得到大王的器重和提拔，能够担任相国这一重要职位。但如果王稽没有引导我进入关中，我又怎能有今天的地位？郑安平是我的朋友，若不是他的援助，我可能早已不在世上。"秦昭襄王听完这番话，感到非常动容，于是封王稽为上郡的郡守，郑安平为将军，以此来表彰他们的贡献和忠心。

近攻之策

在秦昭襄王完全掌控朝政之后的第一次会议中，主要讨论了如何巧妙地执行"远交近攻"的战略计划。

范雎，这位深谋远虑的相国，慢慢地说道："与秦国接壤的韩国和魏国，虽然实力相近，但如果要进行征伐，攻打魏国的利益不如攻打韩国；而若要攻打韩国，最上策是用威慑使其服从。"

秦昭襄王听到这里，皱了皱眉头，追问道："如果韩国坚决不服从，我们该怎么办？"

范雎自信地回答："如果韩国顽固不化，那么我们就只有动用武力。攻打韩国的关键在于占领荥阳，这样就能切断韩国从巩县到成皋的交通要道；接着在北面封锁太行山的关口，阻止韩国上党的军队南下支援，从而使韩国被分割成三块孤立的区域。到那时，韩国的灭亡指日可待，他们怎敢不投降？一旦韩国投降，魏国自然会因恐惧而效仿，向秦国屈服。"

秦昭襄王听后，频频点头表示同意，随后立即派遣使者前往韩国。韩桓惠王热情地接待了秦使，但秦使依仗秦国的强大，拒绝行礼，态度傲慢。韩桓惠王愤怒至极，立即下令将秦使赶出王宫。

秦使灰溜溜地回到咸阳，却谎称韩国拒绝向秦国称臣。秦昭襄王听后大怒，立即命令战神白起领兵出征，从轵道向东推进，连续攻克韩国数城，势不可当，直逼少曲。韩国紧急集结军队，在少曲严阵以待，试图阻止秦军的进攻。然而，他们面对的是著名的白起和他的勇猛军队，两军一交战，韩军便迅速崩溃。

白起乘胜追击，继续向东推进，一口气攻至韩国上党的泫氏，城池立刻被攻克。韩桓惠王看到国家形势危急，只得派使者向秦国求和。秦昭襄王见韩国已被威慑，达到了目的，便命令白起停止进攻，转而准备南渡黄河，进攻魏国。

魏安釐王接获战报，即召集群臣商议。信陵君魏无忌力主加强城防、提升军力，指出魏国较秦国弱小，且秦军由名将白起率领，正面交战胜算不大。他提议利用秦国新相张禄的魏国背景，派使者携重金贿赂张禄，并向秦昭襄王进贡求和，以图暂时安宁。

范雎成为秦相后，仍被秦人称为张禄，而魏国相国魏齐和中大夫须贾对此毫不知情，以为范雎已死。魏安釐王采纳须贾的建议，决定先尝试和谈，命须贾为使前往秦国。

须贾抵咸阳，求见张禄。范雎故意穿破旧衣裳相见，须贾大惊，邀范雎至驿馆，询问其近况。范雎谎称自己身无分文，做用人谋生。须贾同情，赠饭食及粗丝袍。范雎假意推辞后接受，并谎称与张禄熟识，愿为引见。

范雎驾四马高车，载须贾至相国府。入门后，范雎下车通报，须贾久等不见人，询问门卫得知范雎即为相国，大惊失色，跪地求情。

范雎怒斥须贾昔日诬陷、侮辱之罪，但念及旧情，决定宽恕。范雎入宫向秦昭襄王报告经过，秦王决定接受魏国求和，但要求以魏齐人头来换。

须贾回国告知魏齐，魏齐惊恐逃至赵国平原君赵胜家。秦昭襄王为报范雎之仇，扣留赵胜，要求赵国送魏齐人头。魏齐求助无门，自杀身亡，赵孝成王将其人头献给秦国。

远交之谋

近期，秦军实施"近攻"战术，对韩国和魏国发起多轮攻击，成功占领了10多座城池。这一连串的胜利极大地鼓舞了秦国的君臣。因此，他们将目光转向了赵国。

秦昭襄王召集朝中大臣，共同讨论攻打赵国的计划。他指出："目前的赵国由年幼的君主和其母亲执政，相国蔺相如和上将军赵奢都因病不能履职，这正是我们攻打赵国的良机。"

回想起阏与之战的失败，秦军的士兵们心中充满了复仇的欲望，他们急切希望在战场上洗雪前耻。因此，王龁、司马梗、蒙骜等将领纷纷主动请缨，士气高涨。

这时，白起发言了，他沉稳地说："向赵国讨回血债的时机确实已经成熟。但我们也要清楚地看到，赵军的战斗力非常强大。老将廉颇仍在指挥军队，平原君赵胜、平阳君赵豹等人也在协助，还有年轻将领李牧，在北方战场上取得了辉煌的战绩，声名远扬。因此，我认为我们的进攻必须经过精心策划，做好万全的准备，确保一战成功。"

秦昭襄王听了白起的意见，虽然心里有些不快，但他没有立即反驳。他知道赵国的实力确实不容小觑，而且还有胡伤的失败作为警示。经过一番思考，他最终决定出兵攻打赵国，并任命王龁为统帅，司马梗、王陵为副将，带领秦军出征。

在那个时期，赵国的未来由年轻的赵孝成王和睿智的赵威后共同掌控。面对秦国的威胁，代相国虞卿提出了一个双重策略：一方面迅速调动精兵加强边防，另一方面立即向魏国和齐国寻求援助。但是大夫楼昌和平原君赵胜等人更倾向于通过和平方式解决问题，避免与秦军正面冲突。

在这个紧要关头，老将廉颇勇敢地站了出来，请求出战。

第九章 将相

赵威后看到廉颇的勇敢，非常高兴，随即任命他为统帅，带领大军迎战秦军。

廉颇的军队刚刚离开邯郸，就传来秦军已经连续攻下赵国3座城池的坏消息。赵国的相国虞卿非常担忧，担心年迈的廉颇难以对抗如此强大的秦军。因此，他急忙进宫见赵威后，恳请她尽快向齐国和魏国求援，以保障赵国的安全。赵威后听后，马上派遣使者前往齐国。

当时的齐襄王身体已经非常虚弱，朝政实际上由相国安平君田单掌控。田单对过去"五国攻齐"的事件记忆犹新，尤其对主要的策划者燕国和赵国耿耿于怀。因此，当听说赵国来求援时，他内心有些不情愿。但是考虑到齐国和赵国是姻亲，且赵威后是齐襄王的亲姐姐，田单也不方便直接拒绝。于是，他向赵国的使者提出了一个条件："如果赵国想要齐国出兵援助，必须将赵国的长安君送到齐国作为人质。"

长安君是赵威后最疼爱的小儿子，她怎么可能舍得让他去齐国做人质？因此，赵威后坚决拒绝了田单的要求。田单看到赵国没有诚意，也不肯出兵相助。这时，秦将王龁乘胜追击，大军逼近赵国边境，赵国的大臣们纷纷请求赵威后答应齐国的要求。然而，赵威后愤怒地宣布："谁再敢劝我让长安君去做人质，我必将唾其面！"大臣们听后，都不再敢说话。

就在这时，在家休息的老臣触龙得知了这个消息，于是前去劝说赵威后。经过一番深入的交谈，赵威后终于被触龙说服，同意让长安君去齐国做人质。田单看到赵国终于表现出了诚意，也同意出兵援助赵国。

当田单带领大军到达战场时，秦军和赵军正在激烈交战。赵军利用地形优势与秦军形成了对峙。王龁听说田单带领大军来援，心中大惊，立即写了一封密信送往咸阳，请求秦昭襄王撤军。秦昭襄王收到密信后，经过深思熟虑，决定派使者与赵国进行和谈，并提出让17岁的王孙嬴子楚（异人）到邯郸去做人质。

自然，双方都明白，和谈仅是一种表面的掩饰，表面上看起来和平友好，实际上都在秘密地加强军备。秦昭襄王听从了范雎的计策，向齐国派出使者进行谈判，双方达成了互不侵犯、和平共处的协议。此时，齐襄王已经去世，他的儿子田建继位，历史上称他为齐王建。不过，齐王建性格软弱，没有雄心壮志，将国家事务都交给了其母君王后处理。而君王后则是个非常能干的女性，她处理政务既严谨又有条理，令人敬佩。

范雎深知君王后的能力，因此建议秦昭襄王与齐国结盟，共同面对未来的挑战。在秦昭王四十三年（前264），秦昭襄王下令让武安君白起带领数十万大军出征韩国，目标直指陉城。

韩国的韩桓惠王焦急万分，急忙向齐国和楚国求援。但这两个国家当时正与秦国保持友好关系，自然不愿意出手相助。韩桓惠王无奈，只能向秦国求和。

秦昭襄王在接到求和请求后，与范雎进行商议。范雎微笑着说："战争有时是为了赢得人心，有时则是为了夺取土地。穰侯过去多次攻打魏国，却始终未能使他们屈服，并不是因为秦

第九章 将相

国弱、魏国强,而是因为他只关注土地,忽略了人心。"

于是,秦昭襄王表面上同意了韩国的求和,但实际上并没有命令白起撤军。白起得知后,立刻发动大规模的攻势,迅速占领了陉城。这场战役不仅展示了秦国的军事力量,也让韩国深刻感受到了秦国的威严和不容挑战的权威。

秦昭王四十四年(前263)春,楚顷襄王病重,而太子熊完仍被扣留在秦国咸阳,由左徒黄歇陪伴。黄歇多次请求秦昭襄王放太子归,均遭拒绝。

一日,楚使朱英带来顷襄王病危的消息,熊完焦急万分。黄歇决定拜访应侯范雎,请求放太子回楚。范雎同意并向秦王进言,但秦王只同意让黄歇先回楚探病。

黄歇深知秦王意图,与熊完密谋。他指出,若楚王去世,熊完不在,王位必被他人夺取,熊完将终生被囚。黄歇提议逃走,由朱英掩护,他则留下拖延时间。

3日后,熊完扮作马夫随朱英出关。黄歇留在质子府,以太子生病为由拖延。半个月后,他估计太子已安全,便向秦王坦白,请求治罪。

秦王大怒,欲斩黄歇。范雎劝道:"杀黄歇无济于事,反伤秦楚友谊。不如嘉奖黄歇,待楚王去世,熊完继位,必感念黄歇之恩,重用之。"秦王听从,赏黄歇黄金百镒,次日黄歇顺利归楚。

年底,楚顷襄王病逝,熊完继位为楚考烈王,拜黄歇为令尹,封春申君。为感激秦王,楚考烈王次年夏将州陵献给秦国。

范雎精心策划的"远交"策略，最终取得了实际成效。实际上，"远交"这一术语，更多出现在《战国策》中，作为一种外交术语，其核心在于联合两个历史悠久的强大国家，共同对中原地区的韩、魏、赵三国——这三个晋国的继承者——发起攻击。

秦昭襄王和范雎这两位决策者，看到与齐国和楚国的外交关系已经稳固，便如同给战鼓重重一击，迅速而有序地推进了对韩、魏、赵三国的大规模军事行动。这一系列举措，可谓精心布局，紧密相连。

第十章 长平之战

进取野王

秦昭王四十三年（前264）早春，武安君白起再次证明了自己的军事才能，成功占领了韩国的陉城。此后，他在汾水边建造坚固的城池，为秦军建立了一个牢不可破的后勤补给站。此外，他还亲自带领军队控制南阳太行山的通道，截断了赵国通往黄河以南地区的重要交通线。

在秦昭襄王同白起等人讨论战术的一天，范雎的目光在地图上徘徊，最终停留在韩国的荥阳城。他自信地轻点着地图说："这个地方易于攻击而难以防守，对赵国来说是一个战略要地，一旦我们占领了它，就能对赵国施加巨大的压力。"

秦昭襄王听后点头同意。但白起对此有不同意见，他认为应该攻击野王。范雎听后不满地看了白起一眼，然后向秦昭襄王解释："攻击荥阳的目的是断开郑都和上党的联系，然后我们可以攻占上党，直接威胁到赵国的都城邯郸。"

白起清晰地反驳道："虽然切断上党和郑都的联系是个好主意，但攻击荥阳并不是最好的选择。"

秦昭襄王和范雎都显得有些困惑，他们期待白起能提供一个合理的解释。

白起思考了一会儿，慢慢地说："相国的计划是将韩国分割成两部分，先占领河内的上党，然后直接攻击赵国的都城。但是，为什么要选择攻击黄河南边的荥阳呢？为什么不直接渡过黄河，占领北边的野王？控制野王同样可以切断上党和郑都的联系。而且，野王离上党更近，从野王出发攻占上党，我们不需要渡河，这难道不比攻击荥阳更直接吗？"

范雎一时间无言以对，秦昭襄王见状，转而讨论下一个议题：谁适合担任攻打野王邑的主帅？

范雎担心白起会先发制人，急忙提议："兵贵神速，要攻下野王，蒙骜将军是最佳选择。"他心中有自己的小算盘，蒙骜在清除"咸阳四贵"后，已从轻骑兵调任为都城守卫。若派蒙骜出征，他便有机会将自己的亲信安排到都城守卫的位置。

白起虽然看穿了范雎的用意，但也认同蒙骜是突袭野王的合适人选。然而，秦昭襄王似乎不太满意，询问道："没有其他合适的人选了吗？"

范雎又推荐了五大夫王陵，但秦昭襄王还是摇头。显然，五大夫的级别还不足以胜任主帅一职。他没有明说自己的顾虑，但范雎从他的表情中看出了端倪，立刻改口："如果王陵不合适，可以派左庶长王龁去。"

白起看在眼里，明白范雎是想把控军权。他清楚，如果秦昭襄王对范雎的策略或私心全盘接受，秦国可能会面临严重的问题。于是，他坚定地表示："我愿意亲自出征，以方洛、司马靳为先锋，王龁为中军主将，先攻野王邑，再取上党。"

范雎一时无法反驳，秦昭襄王见两位重臣意见一致，便任命白起为主帅，领军进攻韩国的野王邑。

命令刚刚宣布，朝堂上的大臣们纷纷露出惊讶的表情。白起，那位曾经指挥过无数军队的战神，现在要带领数十万大军去攻打一个小小的野王城？韩国已经在秦国的军事压力下战栗，而白起的名字就如同死神一般，让各国闻风丧胆。他的每一次出现，似乎都预示着一场生死搏杀的开始，战场上将充满血腥和死亡。

现在，却要给白起如此庞大的军队去对付一个不起眼的野王，这看起来似乎是浪费人才，就像是让一位高级将领去执行低级军官的任务。然而，白起没有丝毫的不满，接受命令并出发了。

秦昭襄王心中暗自高兴，仿佛已经看到无数的军队在他面前驰骋。他心想："我要以不战而屈人之兵的方式，轻松拿下上党；在3个月内，我将吞并韩国，在郑都韩王的鸿台宫中，庆祝我61岁的生日。而在1年之内，我还要攻下赵国的都城邯郸，将赵王赵丹流放到边疆，让他与马群为伍。"

在韩国，司马冯亭完成了在都城新郑的公务后，开始返回上党郡。他原本是相国府的庶子，直到去年底才被提升为上党郡的司马，承担起整个郡的军事责任。在返回途中，他经过荥阳，北渡黄河，即将到达野王邑时，从当地人那里听到了一个

第十章 长平之战

震惊的消息：秦军已经像乌云一样包围了野王城，而领导这支军队的正是传说中的战神——公孙起。

冯亭听后大惊失色，立刻和两名随从赶往野王城。在路上，他们遇到了从城中逃出的居民，得知秦军虽然包围了城市，但还没有开始攻击。城内的居民陷入恐慌，纷纷逃离。

冯亭迅速做出决定，命令他的部下："我们得尽快进城，然后再随机应变。"

秦军之所以没有立即行动，是因为白起突然改变了战略，决定先派司马靳进城劝降。司马靳到达城的西门，却发现城门已经紧闭。他没有多说，直接转向南门。

与此同时，冯亭也刚好到达南门，看到一支约千人的韩军正匆忙进入城内。他立刻上前，拦住一名百夫长，询问城内的情况。百夫长面露难色地说："城内的驻军只有1000多人，而且士气低落，没有战斗意志。大多数居民已经逃离城市，我们虽然被命令来增援，但恐怕也是无济于事。"

冯亭听后更加焦虑，急忙进城。他刚进城，司马靳也到了南门。司马靳对守卫说："我是秦军的使者，我要见你们的守城将领。"

守卫们相互看着，不敢阻拦，但又无法向上级请示，一时间陷入了困境。司马靳催促道："你们还在等什么？还不快去报告！再晚一点，秦军就要攻城了！"守卫们这才急忙去通报。

不久，一名守卫回来，带司马靳去见城邑的主官。司马靳进入邑衙正堂,直截了当地说:"我是秦国武安君麾下的先锋司马靳,现在秦国大军来到这里,只是想借道而行,不知道各位意下如何?"

邑啬夫(县令)苦笑着说:"我们职位低微,这种大事哪里能做主?如果武安君愿意等待,我马上向韩王报告。"

这时,冯亭站出来说:"我是上党郡守冯亭,久仰武安侯的威名。早就听说武安侯征战各国,战无不胜,攻无不克。如果这次我们同意借道,给韩国带来战祸,我们岂不成了历史的罪人?从野王往北,就是我管辖的上党郡,秦军这不是要图谋上党吗?这个道,绝对不能借!"

司马靳没想到上党郡司马会突然插话,一时间有些尴尬。他起身告辞,心中已明白劝降无望。

白起在意识到劝降无望后,沉思了一会儿,随后下达了命令:"原本希望不通过战斗就能使敌军屈服,看来是徒劳的。既然这样,那就准备攻城!"他的话音刚落,秦军便如同汹涌的波涛一般向野王城发起了冲锋,一场激烈的战斗开始了。

祸水东引

司马冯亭,上党郡的将领,本打算在野王城平静地过夜,却意外遭遇秦军夜间的激烈攻城。明白城池难以抵御,且自己并无守城义务,冯亭趁乱带领随从悄无声息地离开了城池。

逃亡途中,冯亭反思局势,意识到秦军攻下野王后,上党将面临威胁。考虑到亲自领军的白起从未有过小规模的战斗，冯亭立刻命令部下急速返回上党，告知郡守靳黈加强防御。同时，他本人也急匆匆地前往新郑，向韩桓惠王报告这一紧急军情。

秦昭王四十五年（前262），秦军占领野王的第三夜，冯亭到达都城，但未能见到韩桓惠王，只能先向相国张平报告野王失守和秦军对上党的企图。张平对此并不感到意外，因为秦军经常攻占韩国城池以求功赏，他已对此司空见惯。

2天后，冯亭终于见到了韩桓惠王，但韩桓惠王似乎对野王的失守并不在意。冯亭急切地提醒："白起，秦国的武安君，已被封侯，他岂会仅攻下野王就满足？"

韩桓惠王得知是白起亲自领军攻下野王后，才认识到形势的严峻。此时，又有侦察兵报告，秦左庶长王龁带领大军已逼近韩国边境，迹象显示他们正准备向荥阳进军。韩桓惠王这才感到惊慌，意识到秦军已从野王切断韩国，黄河以北的上党处于孤立无援状态，而荥阳位于黄河以南，一旦秦军南下，将直接威胁韩国首都新郑，韩国的存亡岌岌可危。

韩桓惠王急忙召集众臣商议对策，然而大臣们一个个鸦雀无声，没有一个敢说与秦国开战。无奈之下，韩桓惠王只得派阳城君向秦国请和，表示愿意割让上党郡以换取和平。秦昭襄王闻讯大喜过望，立刻传令让白起停止伐韩，并派王龁去接收上党郡。

实际上，王龁的中军并未有进军荥阳的打算。数十万大军出了函谷关后，便以一种从容不迫的姿态向东挺进。他们花了差不多1个月的时间，才缓缓抵达平阴邑，然后静待方洛、司马靳率领的前军传来攻打野王邑的捷报。而白起在接到秦昭襄王的旨令后，便悄然返回了咸阳；王龁则留下中军大部人马驻扎在韩国边界，自己仅率领两万人马快速推进至河雍，在当地征集船只渡河，并在轵邑补充了粮草后，经由野王一路北上。

与此同时，韩桓惠王派韩阳匆匆赶往上党，对上党太守靳黈说："秦国两路出兵进攻韩国，大王一方面下令集结全国之兵，准备御敌抗战；另一方面又派遣阳城君拿上党与秦国讲和。现在我奉大王之命来通知您，希望您能割让上党给秦国。"然而，靳黈却坚定地表示："君王有兴兵的命令，而我身为太守，自当尽太守的职责，岂能不战而降？虽然割地投诚也可能是君王的命令，但我不能不有所怀疑。我请求发动全部守军来对抗秦兵，如果最后还是守不住，我甘愿为国而死！"

韩阳无奈，只得返回新郑向韩桓惠王禀报。韩桓惠王听后为难地说："我已经答应秦相范雎了，如果不献出上党，必然招来秦国的惨烈报复。"

在此之际，相国张平提议，任命冯亭为上党新任太守，接替靳黈之职，旨在顺畅完成割让土地的相关事宜。冯亭，作为泫氏本地人，接任后激起了当地民众的强烈抗战意愿，他们誓言捍卫自己的家园。同时，冯亭个人亦不情愿将上党轻易交付

第十章 长平之战

于秦国。

王龁初时料想接收上党将毫不费力,无须大动干戈,故仅率领2万余人前往。然而,他遭遇了冯亭的坚决抵抗,这使他感到困惑不解,又不敢贸然采取激烈行动,因此,两军在上党地区形成了长达30天的对峙局面。

冯亭深刻认识到,若无外部援助,上党终将难以坚守。于是,他与部属及民众共同商议:"当前我们孤立无援,已脱离韩国版图。相较于向秦国投降,不如归顺赵国。此举将使秦国因赵国获得土地而心生怨恨,转而攻击赵国;赵国受攻后,必会与韩国亲近。届时,韩、赵两国结盟,便足以共同抵御秦国。"此计策提交给相国张平后,立即获得了他的赞同。

当赵孝成王得知冯亭有意将上党献给赵国时,内心先是一阵欣喜,但随即又被可能受秦军报复的担忧所笼罩。此时,平阳君赵豹提醒道:"秦国正贪婪地吞并韩国领土,已切断上党与韩国都城的联系,原以为能轻松夺取上党,却未料到韩国竟欲将此棘手问题转嫁给赵国,这显然是企图嫁祸于我们。"

然而,赵孝成王满怀信心地表示:"昔日,我们即便动用百万大军,征战1年,也未必能攻占一座城池。如今,无须动用一兵一卒,即可轻松获得上党郡的17座重要城池,如此良机,岂有不把握之理?"

随后,赵孝成王委派平原君赵胜前往上党执行接收任务。赵胜到达后,即刻召集冯亭及泫氏城数位县令,传达旨意:"赵王命我前来接管上党郡。册封冯亭为华阳君，赐予其3万户城邑作为封地；同时，各县令亦将获得千户城邑的赏赐，郡内官吏普遍晋升一级；对于安分守己的百姓，每家均将获赏6金以资鼓励。"

然而，冯亭却泪流满面，毅然拒绝了这份殊荣，他哀伤地表示："我身为太守，本应拼死守卫这片疆土，如今却未能尽职而战，反将其拱手让人。国君已将土地献给秦国，我若违抗命令，以出卖国君土地来换取封赏，此等行径，我实难接受！"

尽管如此，赵胜仍完成了上党郡的接收任务，并返回邯郸。得知此事后，韩桓惠王方遣使告知秦昭襄王："赵国已出兵接管上党，韩国无力阻挠，望秦王能体谅我们的无奈之情！"

秦昭襄王闻讯后，大为震怒，随即下令王龁继续攻打上党，并任命王陵为副将，率领原中军主力数十万大军前往支援，一场激烈的战役即将展开。

上党拉锯战

接到秦王命令后，王龁才意识到自己被冯亭巧妙地欺骗了。回想起与冯亭的几次小规模冲突，他原本只想用武力迫使冯亭交出上党，并未真的打算开战。但现在，既然冯亭已经背叛秦国投靠赵国，王龁决定不再手下留情。

傍晚，王龁迅速集结2万多士兵，对泫氏城发起猛烈的攻势。冯亭意识到秦军这次是认真的，而赵国的援军迟迟未到，

第十章 长平之战

他感到无力,失去了抵抗的意志。

在激战中,冯亭用尽了城中的礌石、滚木和弓箭等防御物资,勉强撑到了第二天凌晨。面对即将破城的秦军,他知道继续抵抗无益,于是带领三千残余部队从北门悄悄撤退,以保留力量。

攻下泫氏城后,王龁立即派兵清剿城内残敌,确保没有遗漏。他本人则带领其他部队向西进军,攻占光狼城,扩大战果。这场战斗对王龁而言,不仅是对冯亭的报复,也是对秦国尊严的维护。

两天前,赵国老将廉颇已经率领数万大军从邯郸出发。当他的主力穿越太行八陉中的第四陉——滏口陉时,前锋将领赵茄已经先行一步,向西穿越壶关。在那里,他转向西南,深入上党地区,意外地遇到了正在向东逃亡的冯亭。

得知上党失守后,赵茄立即下令停止前进,避免被秦军包围。但不久,秦将司马梗率领的轻骑兵紧随其后。赵茄起初惊慌不已,但发现秦军只有千余人后,他认为这是一个难得的立功机会,于是毫不犹豫地指挥"胡刀骑士"向秦军发起攻击。

司马梗,一位经验丰富的将领,迅速与赵茄展开了激烈的对决。经过20多个回合的较量,赵茄感到力量逐渐减弱,于是命令"胡刀骑士"包围司马梗。尽管秦军人数不多,但在司马梗的指挥下,他们依然顽强抵抗,双方陷入了僵持。

司马梗内心焦急,明白只有击败赵军的主帅,秦军才有胜利的可能。他努力突破"胡刀骑士"的包围,拼命与赵茄交战,试图将其击败。但赵茄机智地避开了司马梗的攻势,使得秦军难以扭转局势,情况变得十分危急。

在这紧要关头,秦将张唐带领援军从泫氏城赶到。赵军见援军到来,意识到战局已无法挽回,便打算撤退。司马梗紧追不舍,直至壶关,最终将赵茄击败。

廉颇在主力部队还未深入上党地区时,就得知上党失守和前军战败的消息,感到非常震惊。作为一位经验丰富的将领,他向冯亭详细了解了上党的情况。得知秦军只有王龁率领的约2万人,廉颇立即命令庞爰带领更多的兵力去夺回泫氏城。他自己则在壶关南面的百里石建立防御工事,构筑防线。庞爰,一位年长的军事家,首次上阵,依靠人数优势,不惜一切代价与秦军激战,最终将只有6000多人的司马梗和张唐逐出泫氏城。司马梗和张唐撤退到光狼城,与王龁会合。庞爰没有追击,按照廉颇的指示坚守城池。

王龁明白,仅凭现有兵力夺回泫氏城几乎不可能,但他决心在王陵的援军到来前,至少要探明赵军的部署。于是,当晚,他带领司马梗和张唐悄悄返回,暗中观察赵军的布防。他们发现,廉颇这位老将非常谨慎,即使兵力远超秦军,也采取稳健的战术,不给秦军留下任何机会。

几天后,王陵带领的增援部队抵达,使得秦军的兵力再次获得优势。王龁认为时机已到,决定对赵军进行一次强有力的反击。他周密安排战术，指派王陵指挥数万士兵作为北翼，自己则带领其他部队作为南翼，两支大军齐头并进，向东推进。

王龁原本预计廉颇会控制上党的所有战略要地，以抵御秦军的进攻。但是，当他推进到丹河时，意外地发现赵军抵抗并不激烈。同时，王陵的北翼部队也攻破了泫氏关，绕过泫氏城行进时，不幸遭遇韩赵联军的阻击。王陵奋力冲至壶关，却落入赵军的埋伏，被迫撤退，向南与王龁的部队会合。

两军会合后，王龁和王陵深入讨论了敌情。他们推测丹河可能是赵军的另一条防线。尽管丹河以西只有泫氏城还在赵军控制下，但这座城市像一个坚固的障碍，阻挡了秦军的进攻路线。因此，王龁决定沿着丹河建立防御线，切断泫氏城与赵军主力的联系，然后再寻找机会攻占泫氏城。

然而，事与愿违。正当王龁准备对泫氏城发起攻势时，庞煖却趁机对光狼城发动了突袭。王龁无法及时回援，光狼城就这样被赵军占领。王龁意识到自己中了计，愤怒之下，他不顾一切地试图夺回光狼城。但廉颇坚守城池，他深知秦军长途跋涉，不占地理优势，且补给线过长，不可能持久作战。

王龁感到非常焦虑。随着严冬的临近，他不得不命令部队向南撤退30多里，靠近野王城，准备过冬后再战。廉颇抓住这个机会，利用上党的地理优势，进一步加强了防御工事。

泫氏城，上党郡的行政中心，地形北高南低，形似簸箕。城南是一片开阔的平原，而城东则是太行山，山脉由北向南延伸，峰峦叠嶂，绵延千里。山脉中的众多山岭相连，几乎没有中断。沁河、丹河、漳河、滹沱河等河流切割山脉，形成千峰万壑的壮观景象。太行山中的通道称为"陉"，除了这些通道，其余山脊险峻，难以攀登。上党郡与赵国都城邯郸之间被太行山阻隔，交通不便。

次年，王龁重新集结部队，不断对上党发起攻势。但赵军坚守城池，不出战。王龁急切之下，不惜一切代价夺回了光狼城，随后指挥军队攻击空仓岭防线后方的两个小城。赵国的守将盖负和盖同兄弟虽然奋力抵抗，但由于城池小且兵力不足，很快就被秦军攻破并俘虏。

王龁从西向东稳步推进，除了泫氏城，赵军在丹河防线以西的地区已全部被秦军控制。廉颇清楚地认识到上党的争夺已经成为秦、赵争霸的焦点。他一方面坚守丹河防线，另一方面向赵孝成王说明了秦军争夺上党的真正目的——攻占邯郸。同时，他也请求赵孝成王增派援军，共同抵抗秦军的进攻。

赵孝成王心中涌起一丝恐慌，迅速召集赵胜、楼昌、虞卿等智囊，共同商议对策。他有意亲自带领全国的精锐部队与秦军进行一场大规模的决战。但是，主张和平的楼昌和赵胜建议派遣一位高级别的使者前往秦国，探索和平解决争端的可能性。

这时，虞卿提出了自己的见解，他坚定地表示："如果秦国已经决定攻打赵国，那么和平谈判可能不会成功。我们不如派使者携带珍贵礼物，前往楚国和魏国，游说他们，让秦国担心各国联合起来对抗它。"楼昌建议派大夫郑朱去秦国谈判,赵孝成王最终决定采纳这个计策。

范雎得知赵国寻求和平的消息后,建议秦昭襄王表面上接受,而王龁继续在丹水一线与廉颇对峙。时间飞逝,几个月过去了。赵孝成王虽然年轻,但并不愚蠢,他逐渐认识到秦国不会在未得到上党的情况下轻易放弃。因此,他命令赵豹带领大军增援廉颇。

与此同时,王龁的军队也在不断增强。得到增援后,廉颇重新布置了坚不可摧的防线。他将丹河防线向西推进了20里,建立坚固的防御工事,以阻止秦军从泫氏城东面进攻。这条防线与丹水的防御工事形成相互支持的阵势,数十万精兵严阵以待,决不让秦军向东推进。此外,百里石长城防线也增加了数万兵力,以备不时之需。

在长平大营,廉颇亲自指挥数万骑兵,支援各部队。每当秦军发起攻击,都会遇到严阵以待的赵军。秦军不仅无法取得优势,反而损失惨重,士气大减。双方在丹河一线对峙了数月,王龁始终未能找到击败赵军的方法。无奈之下,他召集将领们商讨对策。

副帅王陵提出了一个计策:"金泉山下有一条溪流,名为'杨谷',赵军大本营的士兵都依赖这里的水源。如果我们能切断这个水源,赵军很快就会因为缺水而陷入混乱。"王龁听从了这个建议,派王陵带领士兵通过丹水上游,登上金泉山,切断了杨谷的水流。

然而，出乎秦军意料的是，赵军并不依赖杨谷的水源。原来，廉颇早已命令在百里石长城南面挖掘沟渠，直接引丹水，确保了赵军的水源供应无忧。

秦昭王四十七年（前260），王龁发起新的攻势，成功占领了泫氏城和其他2个小城，并且俘虏了赵军的4名高级军官。廉颇意识到赵军在上党的力量不足以对抗秦军，因此他决定放弃空仓岭的防线，采取坚壁清野的战术，撤退到长平，继续与王龁形成对峙。

赵孝成王对廉颇在上党郡的保守战术感到不满，因为大部分地区已经失守。因此，他一方面派使者去责备廉颇，另一方面写信给驻守雁门关的李牧，希望他能派出一部分精锐的"胡刀骑士"，前往上党战场提供支援。

王龁与坚守长平的廉颇陷入了长达1个多月的僵局。面对廉颇坚固的防御，王龁感到无计可施，内心焦虑加剧。当他得知赵孝成王计划调动李牧的精锐部队参战时，他的焦虑达到了极点。在这种情况下，他也只能向秦昭襄王请求更多的兵力支援。

秦昭襄王原本认为从韩国手中夺取上党是轻而易举的事情，却没料到局势会演变成秦、赵两国的生死较量。现在秦军既不能轻易前进，也不敢轻易撤退，他一时也感到迷茫。在无计可施的情况下，他只得召集范雎共同商议对策。

第十章　长平之战

范雎明白廉颇不仅智勇兼备，而且他坚守长平并非出于恐惧，而是在等待合适的时机。他预测，一旦其他国家意识到秦国夺取上党只是个幌子，真正的目标是攻占邯郸，他们必定会联合起来对抗秦国。因此，他向秦昭襄王建议："长平之战对我秦国至关重要，我们必须增援。廉颇智勇双全，如果不除掉他，想要灭赵将难上加难。"

秦昭襄王听后，急切地询问："那我们该如何除掉廉颇呢？"

范雎露出微笑，提出了一个秘密计划。秦昭襄王听后，拍手叫好，感到非常高兴。紧接着，他迅速召回了正在河东（河内）汾水附近视察新城建设的白起，打算让这位传奇将领接替王龁，希望能够改变战争的局势。

纸上谈兵的赵括

赵孝成王对上党的战局深感忧虑。秦、赵两军在那里的对峙让他忧心，加上秋收时节即将到来，数十万壮劳力却因战事被困长平，无法参与农事，军需物资的消耗更是庞大。更让他不安的是，有流言称老将廉颇有意投降秦国，这让他的心情更加沉重。

"备车，我要去马服君府。"赵孝成王对随从说，决定探询赵奢对战局的看法。

自从阏与之战负伤后，赵奢便在家休养，因年迈而鲜少露面。他的儿子赵括对军事理论颇有研究，两人常讨论兵法。赵奢有时也难驳倒赵括。赵府的人都认为赵括具备将领之才，赵孝成王也知赵奢有这样一个懂兵法的儿子。但只有赵奢知道，儿子虽然口头上说得天花乱坠，实际领军作战的能力尚不足。

赵孝成王到访时，赵奢和赵括正在热议兵法。赵孝成王直截了当地询问赵奢对上党战事的看法。

赵奢不慌不忙地回答："赵国依山傍水，上党是一道防线，秦国要攻赵，必须先渡黄河，再翻越吕梁、太行等险要山脉，才能取上党，进而威胁赵国。这会使秦军补给线拉长，粮草供应困难。韩、魏两国的牵制也会让秦军难以持久占领。"

赵孝成王问："上党如此关键，廉颇将军为何不主动进攻？"

赵奢解释："秦军远征，希望速战速决。廉颇将军是想避开秦军的锋芒，寻找歼敌之机，这是深思熟虑的战术，非消极避战。"

赵孝成王听后不悦。这时，赵括插言："父亲的观点或许有误。两军对峙，双方都损失巨大。对国力强的一方，消耗战有利；对国力弱的一方，必须主动出击，才能争取优势。而且，士气不只属于敌军，阏与之战时，我军士气亦曾压过秦军。"

赵孝成王听后大笑："看来马服君已老，令郎却英姿勃发！"

赵奢对儿子妄议军事的行为严加斥责，并向赵孝成王请罪："小儿妄言，请大王见谅！"

但赵孝成王觉得赵括言之有理，考虑让他领军。赵奢坚决反对，赵孝成王未强求，而是将赵括召入宫中，继续商讨战事。

第十章 长平之战

赵孝成王询问道:"秦、赵两军在长平已经对峙了近2年,不知道小将军有何计策可以破敌?"

赵括一怔,心中暗想,难道大王已经决定任命我为将军了吗?他随即兴奋地回答:"我认为,持续的防守无法击退敌人。我们必须采取主动攻势,才能打破目前的僵局。"

赵孝成王接着问:"小将军可知晓,作为将领需要具备哪些条件?"

赵括回答得流畅自如:"正如《吴子·论将》中所说的那样,人们评价将领,常常只看其勇。但勇只是将领所需品质的一部分。一个勇猛的人若行事鲁莽,而不知谋略,那是不够的。因此,将领必须在五个方面保持谨慎:第一是理性,第二是准备,第三是果断,第四是警惕,第五是纪律。"

赵孝成王点头表示满意,继续问道:"小将军如何看待秦将王龁的用兵之道?"

赵括自信满满地回答:"在我看来,秦军中只有武安君公孙起配做我的对手,王龁之辈根本不值一提。"

赵孝成王追问:"那么,武安君的用兵之道究竟如何呢?"

赵括回答:"公孙起无疑是一位杰出的将领,他曾在伊阙之战中大败韩、魏联军,斩杀数十万人;接着攻击魏国河内,夺取了61座城池;南下攻打楚国,攻克鄢、郢两地,焚烧夷陵,平定巫、黔地区;之后又攻击魏国,斩杀数万人;对韩国的攻击中连续夺取五城,杀死赵将贾偃,使赵军数万士兵溺死河中。

211

公孙起每战必胜，每攻必克，声名远播。不过，他之所以未尝败绩，或许是因为他还未遇到我。如果我与公孙起交锋，胜负难以预测。而王龁虽然也是秦军将领，却未有显著战功。现在他趁着廉颇将军年老力衰，又心怀恐惧，才敢孤军深入，与我军在长平对峙。如果大王能派我领军，我定能击败秦军，生擒王龁！"

赵孝成王对赵括的回答感到十分满意，决定马上提拔他为将军，但他担心赵括的父亲赵奢可能会反对。然而，赵奢不久便去世了。于是，赵孝成王立刻封赵括为上将军，赠予他千镒黄金和万匹锦帛，并把新招募的数十万士兵交给他，以取代廉颇对抗秦军。

赵括带着赵孝成王的丰厚赏赐返回家中。赵母得知儿子被任命为将军，非常震惊，立刻求见赵孝成王，她说："我的儿子虽然精通兵法，但缺乏实战经验。他的父亲生前也认为他不适合担任将领，恳请大王重新考虑这个决定！"

赵孝成王没有同意。赵母进一步请求："赵括的父亲在任将军时，总是将赏赐分给士兵和官员；自从他接受任命后，就不再关心家务。现在赵括却将大王的赏赐全部带回家。这表明他们父子的用心不同，请大王不要让他领军。"

赵孝成王听后，深思了一会儿，回答说："虽然老夫人的话有一定道理，但目前朝廷中确实缺乏能够领军作战的将领。老夫人就不必再过问了。"

赵母见赵孝成王不愿更改决定，便说："如果大王不听我的劝告，万一赵括在战场上出现问题，我请求大王不要牵连到赵家。"

赵孝成王同意了赵母的请求。

与此同时，年老体弱、重病缠身的上卿蔺相如，已经很久没有参与朝政了。当他得知赵孝成王任命赵括为上将军替代廉颇后，他急忙进宫试图劝阻，但最终未能改变赵孝成王的决定。

战前大调整

赵括带领着新抵达的增援部队，与长平的赵军会合，使得赵军的兵力总数超过了四十万。到达前线后，他首先去拜访了经验丰富的老将廉颇。廉颇虽然头发花白，但身体依然强健，眼中闪烁着坚定的战斗意志。

廉颇对于赵孝成王派赵括来取代自己的决定感到不满。然而，军令难违，他只能将指挥权交给了赵括。出于对战争前景的担忧，廉颇详尽地向赵括介绍了当前的战场形势。

"请看这里，"赵括指着地图，微笑着说，"这是韩王山，那是泫氏城，而我们所在是大粮山，它们构成我们坚固的第一道防线。再往外看，从长平关到羊头山，再到金泉山，这是我们的第二道防线。小东仓河谷和大东仓河谷如同链条，将这两道防线紧密连接。"

他停顿了一下，继续说："大王的明确命令是，我们要采取攻势。为了实现这一目标，我们首先要引诱敌军过丹水。而最佳的攻击点，应该是韩王山的北面。"

在阐述自己的战略时，赵括不时观察廉颇的反应，但廉颇始终面无表情，让人难以猜测他的内心想法。赵括继续说："我打算集中主力，在丹水河谷与秦军决战。然后派出两支骑兵，一支从沁水出发，另一支从白陉出击，对秦军形成左右夹击。这样，我们就能实现三面包围，一战而定胜负！"

然而，廉颇并不认同赵括的计划，正要提出异议，却被赵括打断。赵括坚决要求廉颇立刻离开营地。最终，廉颇只能带着一百多名随从，带着不舍的心情，离开了长平。

赵括一到任，便迅速取消了廉颇所下达的所有命令，对军队的军官层进行彻底的调整，并从各个战略要地撤回驻守的士兵。他将所有部队集结在长平的主营地，准备与秦军进行一场大规模的决战。

在赵军忙于重新部署的时候，白起，这位精于谋略的军事指挥官，已经从河东汾水旁的新城市秘密到达了上党的秦军指挥中心。王龁见到白起如此迅速地到来，原本的忧虑立刻转成喜悦，他迅速向白起汇报赵军的最新动态。白起听后，立刻明白赵括打算通过一场大规模的战斗来打破自己分而治之的战术，他的脸上不禁露出了微笑。

紧接着，白起与王龁一起前往两军对峙的最前线，进行了一番详尽的侦察，并根据实际情况对上党的防御布局进行了重新规划。

　　西部的防线以沁水的防御工事为重点。沁水的中游河谷是秦军在上党西部的重要军事基地和防线，地理位置极为优越。这个河谷长达80余里，宽阔的河流和丰富的资源使其成为理想的驻军之地。在河谷的中段，端氏城这座由石头建造的历史名城坐落在一个突出的高地上，它是春秋时期晋国端氏家族的封地，现在则是沁水秦军的防御核心。尽管之前廉颇在此设防，但还是被王龁攻陷。白起深知这个地方的战略重要性，于是命令对当地地形极为熟悉的王龁带领数万士兵驻守沁水防线，作为秦军在西部的主要营地。

　　乏马岭（即空仓岭）壁垒是中部防线的中枢。秦军新近占领了这个战略要地，它位于沁水防线的西边，与赵军的丹水防线隔河相对，充当着秦军的前哨基地。这一带地形极为险峻，不仅有险峻的山峰，所有可能被敌人利用的坡地都被挖成了壕沟，并配备滚木和礌石以加强防御。众多守军在此做好了战斗准备，其中大约一半的兵力部署在山腰的防御工事中，而另一半则在泫氏关后的河谷地区待命，以便快速应对任何紧急情况。白起特意指派司马梗带领数万名精挑细选的轻装骑兵和步兵来守卫乏马岭，并将指挥中心设在地势险要的泫氏关。

　　南部防线则是三陉壁垒。这条防线以河内山塬为依托，跨越了太行山南端的三陉口，从西边的轵关陉延伸到东边的白陉，总长超过两百里，直面赵军在北面建立的丹水防线。这不仅是秦军南线的大本营，也是一条关键的后勤补给通道。三陉口被精心划分为三层防御体系，每一层都依据地形特点进行了周密的布局。在太行山的北坡，每一段防线都有超过1万名步兵驻守，整个北麓共部署了3万名精兵；而在关口要塞，每个陉口都部署了5000名步兵，其中包括3000多名弓箭手；太行山南部的防线则由数万名步兵把守，这里也集中了大部分重型防御工事和攻城装备。为了指挥这支庞大的军队，白起特别指派经验丰富的蒙骜作为统帅，蒙骜此前曾担任国都禁军的高级将领。

除了这三大壁垒，白起还巧妙地部署了两支支援部队。第一支由机动性极强的骑兵组成，主将司马靳率领数万人随时准备应对各方险情。由于陉口外是河内丘陵平原，南边还有作为粮草保障的野王和大河水道，因此此地既需要重兵防守，又便于骑兵展开行动。秦军的骑兵主力也驻扎在野王以北的开阔地带，以确保随时支援。

第二支支援部队则驻扎在沁水下游的河谷，由王陵统领数万步骑精锐，作为伐赵大军的总支援。

为了误导赵括，让其误以为秦军正按照他的意图备战，白起策略性地指示丹水附近的秦军主营向东迁移了10里，营造出准备与赵军正面交锋的错觉；同时，他秘密地将前线部队重新部署到两翼，为即将到来的决战做好了周全的准备。

在所有战略布局都已就绪之后，白起指派王陵带领一支精

第十章 长平之战

选的小队,前往赵军驻扎的长平大营进行挑衅,目的是探测赵军的实际战斗力。赵括,这个年轻而缺乏经验的将领,对白起的秘密布局和挑衅背后的真正意图毫无所知。面对秦军的挑衅,他为了鼓舞士气,决定亲自上阵,带领着1万多名精挑细选的士兵出营迎战。

在激烈的战斗中,赵括与王陵在沙场上交手了十几个回合。但最终,王陵因力量不足,遭遇惨败并逃走。赵括借着胜利的势头紧追不舍,率领赵军穷追猛打。多亏王陵行动迅速,才勉强逃脱了被赵军俘虏的危险。

取得初步胜利后,赵括心中充满了喜悦,他自豪地对部下说:"大家都说秦军勇猛如狼似虎,现在看来,也不过如此。这种小规模的冲突,我根本没放在心上。我们的军队完全有能力与秦军进行一场大规模的决战。我们现在的策略是引诱敌军深入,然后在我们选择的战场上与他们决战。"

于是,赵括开始策划并实施小规模的进攻。随着连续的胜利,他每次投入的兵力也逐渐增加。然而,冯亭得知这一情况后,急忙前来劝告:"将军,我们绝对不能轻视敌人,贸然进攻!秦军以狡诈著称,他们可能是在故意引诱我们出击。"

但赵括对冯亭的警告并不在意,他自信地回应:"冯将军,你过于担忧了!赵军的实力并不逊色于秦军。我们现在士气高涨,接连取胜;而秦军长期在外作战,已经疲惫不堪。这正是我们击败秦军的绝佳时机,即便他们有什么阴谋诡计,我们又何需畏惧?"

赵军自掘坟墓

赵括的连胜让他想要彻底击败敌军的期望越发高涨。他亲自带领着庞大的军队,气势磅礴地向秦军的营地进发。在行军途中,他们遇到了王陵指挥的小股部队。赵括满怀自信地骑马出阵挑战,但王陵选择了谨慎的策略,避免正面交锋,撤退回秦军的主营。

秦军坚守不出,赵括多次发起攻势,却都以失败告终。他错误地认为秦军害怕战斗,于是命令部队在秦军营地前驻扎,并催促后续部队迅速跟上,形成了与秦军对峙的局面。

但是,在一个大雾的清晨,白起率领数万士兵,对赵军在长平的营地发起了突然而猛烈的攻击。赵括看到秦军主动进攻,心中暗自高兴,立即命令主力部队迎战,并调动小东仓河谷的赵军进行夹击。然而,在赵军的夹击还未形成时,秦军却假装败退。

赵括见秦军败退,便亲自带领主力追击。但追击不久,一支由蒙骜领导的秦军突然从右侧出现,意图切断赵军的退路。同时,另一支快速骑兵部队也插入了赵军的百里石营垒与长平大营之间,使得局势变得十分紧张。

蒙骜追上赵括,大声喊道:"赵括,你已经落入了武安君的陷阱,还不快投降!"赵括心中震惊,怀疑白起是否已经取代

第十章 长平之战

了王龁的位置。他犹豫不决,准备迎战蒙骜。这时,他身边的老将庞煖主动请缨,说道:"将军不必亲自动手,让老夫去取他的首级!"随后,庞煖持枪与蒙骜激战,双方交战了20多个回合,仍然不分胜负。

在这个决定性的关头,丹水北岸的百里石附近突然出现一支数万人的步兵队伍。驻守在该防御工事的赵军没有预料到秦军会在这个时候发动攻击,因此陷入了混乱,纷纷向长平大营方向逃散。同时,大粮山的赵军南营也遭到秦军的突袭,他们措手不及,急忙向韩王山北部撤退。

赵括在长平得知这一消息后,立即带领部队前往秦军的防御工事。但秦军的工事非常坚固,难以迅速攻破。随着夜幕降临,赵括决定暂停攻势,命令部队在河谷的肥沃草地上扎营,准备第二天继续战斗。

冯亭得知赵括在河谷设立营地后,迅速前来劝告:"将军,我们的士兵士气高昂,虽然秦军从三个方向逼近,但他们的兵力远远不及我们。我们应该利用这个机会削弱秦军的士气。此外,这里距离百里石的防御工事较远,缺乏天然屏障,不是理想的营地。"然而,赵括对冯亭的建议充耳不闻,坚持自己的策略。冯亭只能无奈地叹息离去。

白起得知赵括带领的20余万赵军在长平大营外10里处扎营,便在夜间调动兵力,巧妙地将赵军包围。

第二天,赵括准备再次发起攻击,却发现自己的部队已经被秦军从南、北、西三个方向紧紧包围，被困在了小东仓河谷的狭窄地带。长平大营受到前后夹击，形势危急。秦军将领蒙骜更是率领骑兵如入无人之境，直接冲入赵军的防御工事。

面对秦军的严密包围，赵括感到极度惊恐。经过连续十几天的激烈战斗，赵军始终无法打破包围圈。在绝望中，他决定组织四支突击队，不惜一切代价尝试突破秦军的封锁。但是，白起已经预测到了赵括的行动，并在南、北、西三个关键的出口处安排了伏兵。赵军尝试了四五次冲锋，但每次都未能成功。

在这种紧急情况下，赵军将领王容向赵括提出了一个策略："分散突围效果不佳，只有集中力量、全力以赴，才有可能找到生存的机会。"赵括采纳了这个建议，挑选了5000多名精锐士兵，他们全部装备了重型盔甲，并与剩下的1000多匹战马组成了突击队。赵括亲自带领先锋部队，冯亭和庞煖分别指挥两翼支援，苏射和王容则负责指挥后续部队。然而，他们再次被秦军的密集箭雨所阻，无法前进。赵括别无选择，只能下令建造防御工事，坚守阵地，等待救援。

白起并不急于与赵军进行决战，而是采取"围而不攻"的策略，目的是逐渐消耗赵军的士气和粮食。面对这种情况，赵括派使者返回邯郸，向赵孝成王求援。赵孝成王得知情况后，心急如焚，因为长平的军队已经是国家的全部兵力，而李牧的大军正在北方边境驻守，无法调动。他勉强召集了几万人的部队，但在前往增援的途中，这些部队都被秦军中途拦截并击败。

第十章 长平之战

在这个紧要关头,庞煖向冯亭提出了一个建议:"郡守,赵军的形势已经无法挽回,你对这里的地形了如指掌,我们何不趁着混乱之际冲出重围,或许还有一线生机。"冯亭却拒绝了这个提议,他表示自己加入赵国是为了与赵军并肩作战,对抗秦军。他曾数次劝告赵括,但赵括没有听从,导致了当前的困境。冯亭表示他已无求生之愿,希望庞煖独自突围。说完这些话后,冯亭拔剑自尽,英勇牺牲。

到了九月,赵军已经断粮长达46天,士兵们饥饿难耐,于是决定进行一次绝望的突围尝试。秦军的箭矢如雨点般落下,但赵军士兵毫不畏惧,勇敢地向前冲。蒙骜和王陵看到赵军已经冲到他们的营地,感到非常震惊,他们一边组织部队进行抵抗,一边急忙向白起报告。白起迅速调动兵力进行增援,双方再次陷入了激烈的战斗。

赵括看到秦军的援军不断增加,意识到突围无望,于是考虑撤退回自己的营地。这时,白起已经亲自来到了战场,看到赵括想要撤退,他立即下令:"不允许任何一个赵军士兵逃脱,任何后退者,立即处决!"赵括这时才意识到白起已经在秦军之中,顿时心中充满了恐惧。就在这时,一支箭突然飞来,击中了赵括的喉咙,这个年轻的将领当场死亡。

庞煖正在与蒙骜激战,突然看到赵括倒下,心中顿时感到惊慌失措,随即被蒙骜击败,死于混战之中。赵军看到他们的指挥官战死,立刻陷入了混乱,士气崩溃,不再抵抗,纷纷放下武器投降。最终，超过二十万的赵军士兵成为秦军的俘虏。

由于长时间的战争，秦军的补给线已经延伸过长，导致粮食供应变得紧张。再加上新增的几十万赵军俘虏，秦军的粮食供应变得更加困难。白起审时度势，决定将20余万赵军俘虏分成10个营，并巧妙地引诱他们前往百里石营垒。这个营垒原本是由廉颇将军组织修建的，有着数十里的长城作为防御，长城南侧还挖有一条长达15里的壕沟，与丹河相连，是一个难以攻克的要塞。

俘虏们在营垒中安顿下来后，秦军告诉他们："你们先在这里休息几天，武安君白起计划从你们中挑选出能战斗的士兵，发放武器，让他们加入秦军。至于那些年老体弱、无法战斗的人，将会被释放回赵国。"俘虏们听到这个消息后，都非常高兴，即使不能回到赵国，加入秦军也是一条生存之路。但他们并不知道，这其实是白起的一个计谋。最终，白起下令将这些赵军俘虏全部坑杀，只留下了200多名老弱病残以显示他的"仁慈"。

"长平之战"结束时，已经是深秋。白起占领了上党地区的17座城池，但他并不满足。他清楚地认识到，"长平之战"后，赵国已经元气大伤，这正是秦军乘胜追击、一举消灭赵国的绝佳机会。因此，他精心策划，命令王龁带领10万余军队进攻皮牢、武安；司马梗则带领10万余军队攻打太原，并牵制赵将李牧的部队；而他自己则与王陵一起率领中军的10万余主力，直接向赵国的都城邯郸进发。

在所有准备工作完成后,白起迅速命令信使返回咸阳,向秦王汇报了他的战略部署,并恳请秦王尽快筹集粮草,以便为秦军接下来的军事行动提供必要的物资支持。

第十一章 杜邮之刎

白起 从天而降的一代战神

悲喜之间

在"长平之战"这场历史性的战役中，秦军以压倒性的力量取得了决定性的胜利。这一胜利的消息迅速传遍了咸阳城，市民们奔走相告，欢声雷动，整个城市沉浸在一片喜庆之中。

对于赵孝成王来说，情况却截然不同。当他得知自己的四十多万大军几乎全军覆没，只剩下极少数人幸存时，他震惊不已。赵国上下充满了哀嚎和悲痛，一片凄惨景象。更糟糕的是，紧接着传来了秦国的武安君白起正率领大军直扑赵国都城邯郸的急报。

赵孝成王在得知这一消息后，感到极度恐慌，他迅速召集朝臣商讨对策。然而，朝中的文武官员都沉默不语，面露愁容，似乎都被这场突如其来的灾难所压垮。他们心中清楚，连四十多万大军都无法抵挡秦军的进攻，现在兵力几乎耗尽，国家的灭亡似乎已成定局。

在这个紧要关头，平原君赵胜带着沉重的心情回到家中，急切地寻找对策。恰好，谋士苏代当时正住在他的家中。苏代看到赵胜的焦虑，主动提出愿意前往咸阳，说服秦王停止对赵国的进攻。

第十一章 杜邮之刻

平原君赵胜听后非常高兴,立刻将苏代推荐给赵孝成王。赵孝成王在绝望中抓住了这根救命稻草,他早就听闻苏代的智谋,于是急切地询问他有何对策。苏代自信满满地回答:"虽然我年事已高,但仍愿意为大王效力。在过往我出使韩国时,就得知赵国正面临亡国的危机。赵国若亡,韩国也将难以自保,因此韩桓惠王已有意向秦国割地求和。"

赵孝成王听罢,叹了口气,表示:"目前赵国军力薄弱,将领稀缺,难以与秦国抗衡,我也有意向秦国割地求和,只是担心秦国不会接受。"

苏代微笑着回应:"如果大王有此意,事情就简单了。我愿意亲自前往咸阳,说服秦王和应侯范雎,确保赵国能够摆脱危机。"

赵孝成王听后非常高兴,立刻安排苏代携带厚礼前往咸阳。苏代到达咸阳后,首先拜访了应侯范雎。范雎对苏代的到来感到意外,礼貌地请他坐下,并询问:"先生此次前来,有何贵干?"

苏代镇定地回答:"我是为了侯爷您而来。"

范雎更加困惑,不解苏代的真正意图,于是追问:"请苏先生明示。"

苏代严肃地表示:"我不敢隐瞒,我是为了侯爷的安全而来。"

范雎听后微笑,认为自己深受秦王信任,地位稳固,并无危险。

苏代低声说:"侯爷是否了解秦赵'长平之战'的情况?武安君已经分兵三路进攻赵国,攻占了太原、皮牢、武安,正计划围攻赵都邯郸。侯爷应该也有所耳闻。"

范雎自豪地说:"武安君攻破邯郸,灭亡赵国,正是大王所期望的,我当然知道。"

苏代随后认真地说:"这样的话,侯爷的处境就非常危险了。"

范雎大惊,询问:"先生何出此言?"

苏代缓缓解释:"侯爷是否知道,武安君自魏冉为相时起就为秦将,至今已30多年,屡战屡胜。现在他围攻邯郸,赵国即将灭亡。一旦赵国灭亡,韩、魏将无法自保,燕、齐、楚也难以长久。秦国的霸业将指日可待,武安君将成为开国元勋,如同商朝的伊尹、周朝的吕望。到那时,侯爷虽然地位显赫,但可能要屈居武安君之下。如果武安君记得魏冉的恩情,侯爷的地位就不保了。"

范雎听后若有所思,紧握苏代的手,急切地询问:"先生的见解非常中肯,但不知有何良策可以解此困境?"

苏代微笑回应:"若侯爷愿意听从我的建议,可以考虑接受赵、韩两国的割地求和。秦国无须动武便能获得数座城池,这将是侯爷的一大功绩。秦军一旦撤回,武安君也就失去了建立大功的机会。待他回国,大王很可能会解除他的兵权,这样一来，侯爷的地位将更加稳固。"

第二天，范雎进入秦宫，正巧遇到秦昭襄王手持白起急送的文书，眉头紧锁。秦王一见范雎，立刻说道："丞相来得正是时候，我有要事需要与你商议。"随即，将急送的文书递给了范雎。

范雎恭敬地接过文书，仔细阅读后，对秦王说："请大王先恕我直言，我才敢毫无保留地说出我的看法。"秦昭襄王安慰道："我向来依赖丞相，你尽管说，我不会怪罪。"

得到秦王的保证后，范雎缓缓说道："我认为，虽然秦国在长平之战中投入了近六十万兵力并取得了胜利，但损失也相当惨重。国库几乎耗尽，加之部分地区灾害频发，收成不佳，饥民遍地，粮草短缺。而且，能否一举灭赵还是未知数，秦军长期征战，已经显露疲态。因此，我认为现在不宜再战，应该撤军休整，等到兵力恢复、粮草充足时，再考虑灭赵伐韩。"

秦昭襄王听后，沉思了一会儿，最终叹气道："丞相的话虽然有道理，但现在也是武安君灭赵的绝佳时机。"

范雎观察到秦昭襄王的犹豫，进一步建议："大王不必急于撤军，可以派遣使者向赵、韩两国提出割地求和的条件。这样秦国可以在不动用武力的情况下获得土地，从而增强国力；而赵、韩两国割地之后，其实力将更加衰弱。如果他们不同意割地，我们再采取军事行动也为时不晚。"

尽管秦昭襄王心中仍有不甘，但他最终还是接受了范雎的建议。

与此同时，苏代在相府中焦急地等待着消息。范雎回来后，向他详细说明了与秦王的讨论内容，并请求苏代去说服韩、赵两国。苏代听后非常高兴，立刻答应了。范雎为了表示感谢，还赠予苏代百镒黄金。

苏代首先前往韩国，与韩桓惠王会面，传达了秦国愿意接受割地求和的信息。韩桓惠王听后，感到心中的一块大石落地。考虑到韩国的领土已经不多，经过深思熟虑，他决定将与秦国接壤的垣雍城割让给秦国。与韩国达成协议后，苏代又迅速前往赵国，与赵孝成王会谈。赵孝成王也同意割让六座城池给秦国，以换取和平。

秦昭襄王审视赵国进献的六座城池，感到相当满意。然而，对于韩国只献上垣雍城一座，他显得不太高兴。他皱眉问道："赵国献出六城，韩国为何只献一城？"韩国的使者见状，迅速解释说："实际上，上党郡的17城也是我国所献。"秦昭襄王听后，没有再追究，随即命令白起停止对赵国的进攻，撤军回国。

此时，白起在前线焦急地等待粮食补给。他没有预料到秦王会突然下令撤军。要知道，司马梗已经占领了太原，王龁也攻下了皮牢、武安。白起原本计划三路大军集结后，共同围攻邯郸，一举消灭赵国。现在却要撤军，白起不禁叹息，感慨道："难道真的是天意不让赵国灭亡吗？赵国在山东诸国中最为强大，现在正是消灭它的最好时机。大王的决定不够明智，这将错失良机！将来再想灭赵，难度将大大增加。"

王龁听后，急切地建议："我们何不留下使者在军中，迅速进攻赵国。先攻破邯郸，俘虏赵王，灭赵后再回咸阳向大王汇报？"

白起却摇头，无奈地说："我何尝不想一举灭赵，建立不朽功勋？但现在军中粮食不足，士兵们饥饿难耐，军心必将动摇，这样怎能取胜？"

削官褫爵

白起回到秦都咸阳后，立刻进宫求见秦昭襄王，想要了解为何突然下令撤军。秦昭襄王微笑着解释说："相国考虑的是大局，担心'长平之战'后继续用兵会引发诸侯国再次联合起来对抗秦国。因此，我先一步与韩、赵两国进行和谈，不费一兵一卒就获得了六七座城池，这难道不是一件好事吗？"

白起听后，虽然心中不快，但也无话可说，不久便因病而退隐，很少再公开露面。

一天，司马靳受秦昭襄王之命从太原返回咸阳，得知白起生病在家，便前去探望。白起见到这位老友，心情复杂，既感到欣慰又有些悲伤，有很多心里话想要倾诉。他对司马靳说："'长平之战'让赵国大受打击，邯郸城内人心惶惶，士兵们已无战意，民心不稳。如果秦军能乘胜追击，必定能迅速攻下邯郸，灭掉赵国。可惜大王对范雎言听计从，而范雎又不懂军事，只追求名利，主张撤军，错失了消灭赵国的良机。"司马靳听后，深表认同，连连点头。

然而，他们的私下谈话不知怎的传到了秦昭襄王耳中。秦昭襄王听后，略感后悔，于是召见范雎询问："武安君既然知道邯郸一个月内可破，为何没有及时向我报告呢？"

范雎听后心中一惊，但表面上仍保持镇定，回答说："虽然没能灭赵，但我们不战而屈人之兵，获得了赵、韩七城，也并非没有收获。"秦昭襄王听后稍感安慰，范雎内心却是波澜起伏，难以平静。

经过半年多的时间，韩国已将垣雍城交给了秦国，但赵国承诺的六座城池迟迟未能交付。秦昭襄王多次派使者催促，赵孝成王总是找各种理由拖延。赵孝成王之所以能如此坚持，一方面是因为得到了其他诸侯国的军事支持；另一方面是因为赵国人民已经从"长平之战"的悲痛和恐慌中恢复过来，决心要复仇；还有一个原因是赵国的将领李牧在北疆指挥的十几万大军在"长平之战"中未受损失，仍然保持着相当强的战斗力。

秦昭襄王对此感到非常愤怒，决定再次对赵国采取军事行动。他召集朝中的大臣来商讨这个问题，但白起因病未能出席。秦昭襄王心中不快，特意派人去请白起进宫。

白起在无奈之下，勉强进宫去见秦昭襄王。秦昭襄王看到白起虽然面色不佳，但依然保持着军人的风范，于是问道："我已经让国家休养生息，积蓄了半年多的力量，现在赵王不守信用，承诺的城池至今没有交付，还企图联合其他国家抗秦。因此，我想要再次发兵攻打赵国，彻底消灭赵国，不知道武安君对此有何意见？"

白起心中明白，秦王每次受挫都会让军队去为他泄愤，军队的士兵们不得不用生命为领导者的错误决策付出代价，这是不应该的。于是，他回答说："我认为现在要攻下赵国已经不是那么简单的事情了。"

秦昭襄王疑惑地询问："为何难以攻下赵国？"

白起回答说："微臣觉得，'长平之战'时，秦军取得了辉煌的胜利，赵军则遭受惨败；秦人欢欣鼓舞，赵人则生活在恐惧之中。那时才是消灭赵国的最佳时机。但现在半年时间已经过去，赵国的国力有所恢复。此外，'长平之战'后，各国因恐惧而纷纷与赵国结盟，共同抵抗秦国。因此，现在要攻取赵国并非易事。"

秦昭襄王听后，愤怒地说："难道我们要坐等赵国联合其他国家来攻打秦国吗？"

白起不解秦昭襄王为何如此愤怒，猜想可能是受到范雎的影响，于是不再争辩，默默地退出了大殿。白起离开后，范雎对在场的大臣们说："赵国背信弃义，不交出承诺的六座城池，让大王蒙羞。因此，大王决定再次攻打赵国。但武安君违抗王命，不愿领军出征。现在提议任命五大夫王陵为上将军，领兵攻打赵国，各位意下如何？"

王陵这位老将，性格温和，善于倾听，虽然在军功和爵位上不及王龁、蒙骜、司马梗等人，但他也是历经沙场、经验丰富的战将。因此，大臣们对他的提名都表示认可，纷纷点头同意。

王陵心如明镜，明白白起的话属实，也自知自己的才能确实不如那位被誉为战神的白起。但他也看出了相国推荐自己的深层用意：王龁、蒙骜、方洛、司马梗、司马靳等将领都是白起的亲信，范雎难以控制他们，因此自己成为最合适的人选。尽管王陵内心有些不情愿，但君命难违，他只能遵命行事。

秦昭王四十九年（前258）正月，王陵带领着数十万大军，声势浩大地开始了对赵国的征战。赵国方面，并没有选择直接对抗，而是将主力部队集中在都城邯郸，准备依靠坚固的城防，进行一场持久的防御战。

当王陵的大军抵达邯郸城下时，他们看到的是高耸的城墙和坚固的防御工事，整个城市坚不可摧。同时，他们得知赵王重新起用了经验丰富的老将廉颇，他的防御布局严密，无懈可击。尽管如此，王陵的军队已经出发，如果无功而返，显然无法向秦王交代。因此，王陵下令，30营的兵力如潮水般向邯郸城发起了攻击。

王陵站在离城两里外的土丘上，眼见着自己的士兵即将冲到邯郸的西门下。只要攻破城门，大军便可涌入城内，邯郸城似乎唾手可得。然而，就在西门开启的瞬间，城墙上射下了如

第十一章 杜邮之刎

雨的箭矢,紧接着一队弩兵冲出,在护城河桥两侧单膝跪地,向攻城的秦军放箭。几轮箭雨后,一队骑兵冲出,挥刀砍向正在攻城的秦军步兵。秦军无法抵挡,纷纷逃散。

王陵不甘心,连续几天发起攻城,但每次接近城墙时,赵军都会射出密集的箭雨,造成秦军大量伤亡,损失惨重。更让王陵头疼的是,赵将廉颇不惜散尽家财招募"敢死队",经常在夜间秦军不备时,用箩筐从城墙上缒下进行偷袭,使得秦军日夜不得安宁,疲惫不堪。

秦昭襄王在收到王陵连续战败的消息后,忧心忡忡,立刻召集范雎来商讨应对策略。范雎经过一番深思,最终叹息道:"由此可见,王陵虽有勇气,却缺乏统帅之能。若想赢得战争,我们只能更换将领。"

秦昭襄王思考了一会儿,做出了决定:"那就请武安君白起取代王陵,领军出征吧。"

范雎听后,内心感到不安,担心白起会重新得势,便急忙劝道:"大王,如今的白起已不复当年之勇。他身患重病,恐怕难以承担此等重任,为大王效命了。"秦昭襄王却自信满满,笑着说:"丞相不必担忧,白起的忠诚我心知肚明。即使他身体不适,也一定能为寡人攻下赵国,胜利归来。"于是,他立即派遣使者去请白起,接替王陵指挥军队攻打赵国。

此时的白起已经康复,但他心里非常清楚。他明白秦昭襄王的决定实际上是在冒险,这将牺牲无数秦军士兵的生命。秦军虽然勇敢,但他们的牺牲也应该是有价值的。因此,他让使者带话给秦昭襄王:"邯郸本就不易攻下。更何况,诸侯的援军正在不断涌来。诸侯对秦国的不满已经积累了很长时间。尽管我们在'长平之战'中取得了辉煌的胜利,但我军的兵力也已经损失大半。请大王再次考虑,早日停止军事行动,以避免更多的生灵遭受苦难。"

秦昭襄王听到白起的回复,怒气冲冲:"你不愿出征就算了,还讲出这种无关痛痒的话!"尽管他已近古稀之年,有些话难以直言,也不方便明言,但还是再次让范雎去请白起出山。

范雎代表秦昭襄王,向白起说明了形势的严重性:"楚国地域辽阔,人口众多,幅员几千里,兵力百万。当年您率领数万军队,轻松攻陷了楚国的都城鄢、郢,焚烧了他们的宗庙,直逼竟陵。楚国震惊之下,只能向东迁移以避祸,不敢向西抵抗。韩、魏两国虽然集结了大军,但在您面前实在是不堪一击。在'伊阙之战'中,您以少胜多,大败韩、魏联军。现在赵国的士兵在'长平之战'中已经损失殆尽,国内空虚。大王因此动员了数倍于赵国的军队,希望您能领军出征,一举消灭赵国。"

听完这些话,白起心中冷笑。他从16岁开始从军,到"长平之战"时,已经征战了50多年,功绩显赫,有目共睹。而范雎呢?不过是一个善于言辞的人,靠着巧舌如簧、挑拨离间,轻易地获得了十九级军功爵位,被封为应侯。他为了私仇,不惜动用国家的力量;为了私恩,又为无能之辈谋取官职。白起

第十一章 杜邮之刻

对范雎这样的人充满了蔑视。因此,他没有给范雎留任何情面,坚决不接受召唤,坚持自己的立场。

范雎费尽口舌,却未能说服白起,只能失望地回去,向秦昭襄王报告了实际情况。秦昭襄王听后,愤怒地说:"哼,没有白起,难道我就不能灭赵了吗?"于是,他改派王龁接替王陵,于八、九月间再次围攻邯郸,即便如此,秦军依然未能攻下这座坚固的城市。

时间飞逝,新的一年静悄悄地到来。赵孝成王抓住了时机,派出轻装部队突袭秦军的后方,导致秦军屡战屡败,士气大减。同时,楚国派出春申君黄歇和魏国的信陵君魏无忌,带领着数十万大军,大规模地向秦军发起攻击,秦军遭受了巨大的损失,几乎无力回天。

白起得知这些战事进展后,遗憾地叹息道:"我曾提醒过,邯郸难以攻克,但大王没有听从我的忠告。现在局势如何呢?"秦昭襄王听到这些话后,怒不可遏,亲自来到白起的病床前,强迫他起来,并严厉地说:"即使你身患重病,也必须为寡人领军作战!如果你能建立战功,寡人将重重赏赐你;如果你拒绝出征,寡人将深感愤怒。"

面对秦昭襄王的强硬态度,白起急忙叩头请罪,并诚恳地表示:"微臣明白,出战虽不一定能成功,但至少可以免遭惩罚;不出战虽无罪,却可能难逃一死。但微臣还是希望大王能够接受微臣的浅见,停止对赵国的攻击,让百姓得到休息和恢

237

复。微臣听说，明智的君主会珍惜国家，忠诚的臣子会珍视名誉。一旦国家灭亡，就无法复兴，死去的士兵也不能复活。微臣宁愿承担重责，也不愿成为导致军队蒙羞、国家失败的将领。恳请大王深思熟虑。"

秦昭襄王听完白起的话后，沉默了，只是愤怒地挥袖离去。

第二天，秦昭襄王公布了对白起的惩处决定：撤销其国尉的职位，剥夺他的武安君头衔，将其降为一名普通士兵，并下令将他流放到阴密地区。这个决定在秦军中激起了巨大的波澜，也让人们再次感受到了君主之怒的严重性和臣子面临的困境。

一刎永生

在白起被解除官职和剥夺爵位之后，他理应马上离开咸阳，前往指定的流放地阴密。但由于疾病的困扰，他未能按计划出发。随着时间的流逝，3个月很快过去了，各诸侯国对秦军的攻击变得更加激烈，秦军屡战屡败，战争局势对秦国越来越不利。

范雎心中充满了忧虑，这种担忧不仅来自对秦国未来的担心，更多的是对自己个人前途的不安。他清楚地意识到，秦王最终会冷静地审视这场战争，到那时，真正应该承担责任的人，包括他自己和所信任的范雎，都难以逃避。历史上，很少有君主愿意主动承认自己的错误。如果秦王决定找人来承担这场战争的责任，范雎恐怕难以幸免。

第十一章 杜邮之刻

正当范雎深陷恐惧时,郑安平匆匆步入应侯府。范雎急切询问:"函谷关情形如何?"

郑安平见范雎神色慌张,回答说:"函谷关安然无恙,不知相国为何担忧?"

范雎追问:"既然无事,你为何急于返回?"

郑安平正色道:"我欲向相国请战。身为将军,未曾上阵杀敌,驻守函谷关亦无战事,心中甚是苦闷。"

范雎审视他片刻,缓缓问道:"你真心如此?岂不知秦军正败退?岂非自寻烦恼?"

郑安平信心满满:"战局混乱,大王更需勇士冲锋陷阵。我若侥幸得胜,亦可为相国增光。"

范雎不悦:"若败呢?你以为征战仅靠运气?"

郑安平笑道:"相国智谋过人,战败之责已归咎于武安君。我若战败,亦可借此推卸责任。"

范雎心中暗想,郑安平阴险狡诈,欲趁乱立功,却不愿担责。天下岂有如此便宜之事?于是,他不满地说:"你只图好处,未想武安君虽被削爵,但若暗中联络旧部,控告你我,只怕我们都将遭殃。"

郑安平与范雎相视一眼,同时想到一个办法——彻底铲除后患。他们忆起商鞅之遭遇,商鞅虽两次处罚公子虔,却未取其性命。秦孝公逝世后,公子虔得势,不仅处死商鞅,还施以车裂之刑,并满门抄斩,祸及九族。此前车之鉴,令他们心生寒意，更坚定了铲除后患的决心。

秦昭王五十年（前257）十一月，咸阳城被厚重的大雪覆盖，街道上的雪深至膝盖。在这个被白雪覆盖的世界中，一位白发苍苍、身着简朴麻衣的老者，迎着风雪，步履蹒跚地走着。他就是白起。咸阳的居民纷纷走出家门，围观这位曾经的武安君。在远处，一些官员静静站立，默默地为白起送行。他们中有的是白起的亲密朋友，有的则是对他充满敬意的同事。

同日，秦昭襄王在兴乐宫的侧殿用早膳时，一名侍从急匆匆地拿着急报进来，报告说攻打赵国的军队在撤退时被大雪围困，急需物资援助；同时，赵、魏、楚三国正准备联手对秦国进行反击。秦昭襄王听后非常焦急，立即召集几位重要大臣商讨对策。然而，大臣们相互对视，没有人敢发表意见。面对如此战局，大家都不确定秦王的意图是继续增兵还是停战。

这时，范雎突然跪在秦王面前，说道："在这紧急关头，微臣无法为大王分担忧虑，真是罪该万死！但微臣有为大王尽忠、为国家牺牲的决心和愿望。微臣愿意亲自带兵与赵、魏、楚决战！"秦昭襄王自然明白范雎并非军事指挥的料，他这么说只是为了表达他支持继续用兵的立场。于是，秦王礼貌地询问："应侯的忠心值得称赞，但战场杀敌是将领们的任务。不知道应侯心中是否有合适的将领人选？"

范雎随即推荐郑安平担任军队的统帅。秦昭襄王对郑安平的信任有所保留，但在白起被贬之后，似乎没有更好的选择。

这时,他忽然想起了白起,心中顿时燃起怒火,一时间竟说不出话来。经过长时间的沉默,他突然抽出宝剑,掷于地上,愤怒地下令:"将这把剑送给他!"

与此同时,白起已经离开了咸阳城,向西行至杜邮。他打算稍作休息,却意外地看到一名禁军校尉带着一群士兵急驰而来。校尉下马后,手持一把利剑,向白起宣布:"奉大王之命,赐予公孙起秦剑,命你自尽以谢罪!"白起颤抖着接过了这把剑,他一眼认出这是秦王的剑。往昔秦王赠剑、太后送马的景象在他脑海快速闪回。他站直身体,抬头挺胸,对着苍天愤然问道:"我犯了什么罪,要遭受这样的命运!"沉默了一段时间后,他又说:"我确实该死。在'长平之战'中,我欺骗并活埋了赵国的几十万降兵,这足以让我死有余辜!"说完,他决然地用剑结束了自己的生命。

关中地区的居民得知白起去世的噩耗后,都穿上丧服,心中充满了悲伤。那些老秦人,如同失去了亲人一样,极度悲痛,他们自愿搭建了超过20里长的芦苇棚,用王侯的礼仪,为这位昔日的勇士送行,整个场面显得庄严而肃穆。

岁月如梭,千年之后,如果你沿着杜邮向西行进,每隔几里路就能看到一座供奉白起的庙宇或祠堂。这些地方香火不断,供品如山,显示出人们对白起的崇敬与思念。

历经数百年,人们依然在感慨中讲述着白起的传奇:"他歼灭敌军,热血染红了战场,一心一意为国家而战。但是,当他功成名就时，如果能适时隐退，又怎会遭遇杜邮的悲惨结局呢？"这些叹息中，既表达了对白起英勇行为的钦佩，也流露出对这位英雄悲剧收场的深切遗憾。

白起年表

战国中期（具体年份不详），白起出生于郿城。

秦昭王十三年（前294），白起以左庶长的身份，首次挂帅出征，目标直指韩国的新城，初露锋芒。

秦昭王十四年（前293），白起晋升为左更，他在伊阙之地对韩、魏联军发起猛攻，大获全胜，斩敌首级24万，还俘获了敌军将领公孙喜，一举攻占了5座城池。因战功显赫，白起被任命为国尉。

秦昭王十五年（前292），白起再升为大良造，他率军攻打魏国，势如破竹，连克61座城池，无论大小，皆入秦土。

秦昭王二十七年（前280），白起挥师攻赵，成功夺取了光狼城。

秦昭王二十八年（前279），白起转战楚国，攻克鄢、邓等五座城池，战果辉煌。

秦昭王二十九年（前278），白起对楚国的攻势更加猛烈，他不仅攻占了楚都郢城，还放火烧毁了夷陵，兵锋直指竟陵。

秦国随即将郢城设为南郡，以示其疆域之扩展。白起也因此被封为武安君，声名显赫。

秦昭王三十四年（前273），白起再次出击魏国，攻陷华阳，斩敌13万。在与赵国将领贾偃的交锋中，将2万敌军沉入河中。

秦昭王四十三年（前264），白起攻打韩国的陉城，连下5城，斩敌5万，威震四方。

秦昭王四十七年（前260），"长平之战"获胜，前后斩首及俘虏敌军多达45万人，令赵国上下震惊不已。白起本想乘胜追击，一举灭亡赵国，却因范雎的阻挠和秦昭襄王的决策失误，未能如愿以偿。

秦昭王五十一年（前256），白起被秦昭襄王在杜邮被赐死，一代军事奇才就此陨落。

参考文献

[1] 司马迁. 史记[M]. 北京: 中华书局, 1959.

[2] 刘向. 战国策[M]. 上海: 上海古籍出版社, 1998.

[3] 杨宽. 战国史[M]. 上海: 上海人民出版社, 2016.

[4] 王洪光. 统一战争评析[M]. 北京: 长征出版社, 2012.

[5] 台湾三军大学. 中国历代战争史[M]. 北京: 中信出版社, 2013.

[6] 王子今. 秦统一进程与意义[M]. 北京: 中国社会科学出版社, 2017.

[7] 慕中岳, 武国卿. 中国战争史[M]. 北京: 金城出版社, 1992.

[8] 南宗丘. 春秋霸事笔记[M]. 北京: 长征出版社, 2008.

后 记

战神白起被秦昭襄王赐死于杜邮,是我心中久久的意难平。每当夜深人静,我总忍不住在心中偷偷复盘,试图为白起寻找一条不同的道路,一条能够避免他最终悲剧命运的道路。

白起在"长平之战"后的选择,是他命运转折的关键。如果当时他能更加审时度势,不那么坚持挥戈东进邯郸,或许就能避免引起范雎的猜忌与从中作梗。如果他选择回到都城,支持嬴异人,甚至联手吕不韦,或许能够稳固自己的地位,改写历史的篇章。然而,这只是我心中美好的设想,白起用他的行动诠释了何为"忠于战,死于战"的武将精神。他的道路,是功高震主却不懂得收敛锋芒的悲壮之路。

在着手撰写这部书之前,我深知自己面对的是一个挑战:如何在众多史料与传说中还原一个真实而立体的白起?白起,作为战国时期秦国的杰出将领,以其无与伦比的军事成就闻名于世,尤其是"长平之战",更是让他成为"战神"的代名词。然而,在胜利的光环背后,是一个复杂多面的个体,一个在历史洪流中挣扎求存、又不得不面对命运抉择的人。

白起的军事才能,不仅体现在战场上的指挥若定,更在于他对战争本质的深刻理解。在书中,我详细分析了白起的战术布局与战略思维,如何巧妙地利用地形、兵力对比、士气等因素,创造出一次次以少胜多的战争奇迹。白起的每一次战役,都仿佛是对《孙子兵法》等古代军事理论的实战演绎,展现了他作为军事哲学家的非凡智慧。

同时,我也探讨了白起军事行动背后的政治考量与时代背景,如何在大国博弈的棋盘上精准地把握时机,实现国家的战略目标。这种将军事策略与国家命运紧密相连的思维方式,至今仍对现代军事战略具有启示意义。

然而,白起的辉煌并非没有阴影。随着战功的累积,他也逐渐陷入了政治的旋涡,最终落得被赐死的悲惨结局。

同样是政治旋涡,也有人可以巧妙地处理。在撰写这本书的过程中,我遇到了许多令人感慨的故事,其中甘茂的遭遇便是一个,但甘茂的故事与白起的主线相去甚远,所以在前文中没有介绍,在这里我想介绍一下。

甘茂,一位秦国的赫赫战将,因宫廷纷争而被迫逃亡。流落至齐国,他偶遇即将出使秦国的老友苏代,想请苏代帮忙解救出还在秦国的家人。苏代抵达秦都咸阳后,巧妙地向秦昭襄王进言,提及甘茂的才华与对秦国的了解,暗示若与甘茂为敌,将对秦国构成巨大威胁。秦昭襄王闻言色变,连忙询问对策。

苏代趁机献策:"大王,何不迎甘茂归来,赐他上卿之位,安置于鬼谷,终身勿出,以绝后患?"秦昭襄王点头称善,即刻派人携相印前往齐国迎接甘茂。

然而，当秦使找到甘茂时，他却婉拒了回秦的邀请。苏代早有预料，转身向齐宣王进言，称赞甘茂的智贤，并建议齐王以同等的职位礼遇甘茂。齐宣王欣然接受，甘茂于是在齐国担任了上卿之职。

甘茂的抉择在秦国引起轩然大波，秦昭襄王担心甘茂会联合齐国报复，连忙免除甘茂全家的赋税徭役，试图挽回这位昔日重臣的心。

苏代以其过人的智谋，不仅为甘茂找到了新的归宿，更在秦、齐两国间巧妙周旋，展现了其高超的外交手腕。一场风波，因苏代的智慧而平息，留下了一段战国时期的佳话。

甘茂的故事，让我更加深刻地认识到，战国时期的政治斗争并不仅仅局限于战场上的刀光剑影，更在于朝堂之上的权谋与算计。白起虽然是一位杰出的军事家，在政治斗争方面却显得相对单纯。他的悲剧，或许正是源于他对政治的不敏感与不善变通。

然而，白起之所以闻名于世，并不在于他的政治手腕，而在于他对战争艺术的极致追求，也在于他对人性、权力与道德边界的深刻探索。

在撰写这本书的过程中，我仿佛跨越了与白起间的时空界限，共同经历了他的辉煌与落寞。我为他的胜利而欢呼，为他的悲剧而叹息。然而，我也明白，历史的车轮滚滚向前，无法逆转。白起的故事，虽然充满遗憾与惋惜，但也正是这份遗憾与惋惜，让我们在回望历史的同时，也能审视自己。

詹洪陶